Erfolg an der Börse: Den Markt meistern und langfristig Vermögen aufbauen

© 2024 von Dominik Schiffer

Alle Rechte vorbehalten. Kein Teil dieses Buches darf ohne vorherige schriftliche Genehmigung des Herausgebers in irgendeiner Form oder mit irgendwelchen Mitteln, einschließlich Fotokopieren, Aufzeichnen oder anderen elektronischen oder mechanischen Verfahren, reproduziert, verbreitet oder übertragen werden, außer im Falle kurzer Zitate in kritischen Rezensionen und bestimmter anderer nichtkommerzieller Verwendungen, die durch das Urheberrecht gestattet sind. Genehmigungsanfragen richten Sie bitte schriftlich an den Herausgeber unter der unten angegebenen Adresse: „Attention: Permissions Coordinator".

Dominik Schiffer

Coverdesign von Kings Media Consult
Gedruckt in den Vereinigten Staaten von Amerika

Erste Ausgabe: 2024

Vorwort

Die Börse ist seit langem ein Symbol der Möglichkeiten und verspricht das Potenzial für erhebliches finanzielles Wachstum und langfristigen Wohlstand. Dennoch bleibt sie für viele ein labyrinthisches und einschüchterndes Gebiet. „Erfolg an der Börse: Sich auf dem Markt zurechtfinden, um langfristigen Wohlstand aufzubauen" wurde mit einer klaren Mission konzipiert: die Komplexität der Aktieninvestition zu entmystifizieren und sowohl Anfängern als auch erfahrenen Anlegern einen praktischen Leitfaden zu bieten.

Als Autoren dieses Buches haben wir die transformative Kraft des informierten Investierens aus erster Hand miterlebt. Unsere gemeinsame Erfahrung auf den Finanzmärkten hat uns gelehrt, dass Erfolg an der Börse nichts mit Glück oder Insiderwissen zu tun hat, sondern mit Verständnis, Strategie und Disziplin. Diese Philosophie bildet das Rückgrat dieses Buches.

In einer Zeit, in der Informationen im Überfluss vorhanden und oft überwältigend sind, kann es besonders schwierig sein, den Aktienmarkt zu verstehen. Dieses Buch zielt darauf ab, den Lärm zu durchbrechen und klare und präzise Anleitungen für jeden Aspekt des Investierens zu bieten. Von den Grundlagen der Börsenmechanik bis hin zu fortgeschrittenen Analysetechniken bemühen wir uns, Ihnen das Wissen und die Sicherheit zu vermitteln, die Sie benötigen, um fundierte Anlageentscheidungen zu treffen.

„Erfolg an der Börse" ist so strukturiert, dass es ein breites Publikum anspricht. Egal, ob Sie Ihre Investmentreise beginnen oder Ihre bestehenden Strategien verfeinern möchten, Sie werden wertvolle Einblicke finden, die auf Ihr Erfahrungsniveau zugeschnitten sind. Jedes Kapitel baut auf dem vorherigen auf und bildet so einen umfassenden Leitfaden, der mit Ihnen wächst, während Ihr Verständnis tiefer wird.

Einer der Kernpunkte dieses Buches ist die Bedeutung einer umfassenden Ausbildung im Bereich Investitionen. Wir betonen nicht nur die technischen und analytischen Aspekte der Aktienauswahl, sondern auch die psychologischen und strategischen Elemente. Indem wir diese vielschichtigen Komponenten ansprechen, hoffen wir, Sie auf die realen Herausforderungen der Börse vorzubereiten.

Darüber hinaus ist dieses Buch ein Produkt unseres Glaubens an kontinuierliches Lernen und Anpassung. Die Finanzmärkte entwickeln sich ständig weiter und werden von globalen Ereignissen, technologischen Fortschritten und sich verändernden Wirtschaftslandschaften beeinflusst. Wir ermutigen Sie, dieses Buch als Grundlage zu betrachten, auf der Sie aufbauen können, um Ihr Wissen kontinuierlich zu erweitern und Ihre Strategien an die Anforderungen eines dynamischen Marktes anzupassen.

Wir haben auch dem ethischen und nachhaltigen Investieren große Aufmerksamkeit gewidmet. In der heutigen Welt ist es nicht nur möglich, Ihre Investitionen an Ihren Werten auszurichten, sondern es wird zunehmend wichtiger. Wir untersuchen, wie Sie Umwelt-, Sozial- und Governance-Faktoren (ESG) in Ihre Anlageentscheidungen integrieren und so zu einer nachhaltigeren Zukunft beitragen und gleichzeitig Ihr Vermögen aufbauen können.

Wenn Sie sich mit uns auf diese Reise begeben, laden wir Sie ein, mit Neugier, Geduld und Lernbereitschaft an das Investieren heranzugehen. Der Weg zum Erfolg an der Börse ist ein Marathon, kein Sprint, und mit den richtigen Werkzeugen und der richtigen Einstellung können Sie ihn erfolgreich bewältigen.

Vielen Dank, dass Sie sich für „Erfolg an der Börse: Sich am Markt zurechtfinden und langfristig Vermögen aufbauen" entschieden haben. Wir fühlen uns geehrt, Sie auf Ihrem

Weg zur Geldanlage begleiten zu dürfen und freuen uns darauf, Ihnen beim Erreichen Ihrer finanziellen Ziele zu helfen.

Aufrichtig,
Dominik Schiffer

INHALTSVERZEICHNIS

Vorwort

Einleitung: Der Weg zum Erfolg an der Börse

Kapitel 1: Grundlagen der Börse

Kapitel 2: Die Bedeutung finanzieller Bildung

Kapitel 3: Finanzielle Ziele und Anlagestrategien festlegen

Kapitel 4: Risikomanagement und Diversifikation

Kapitel 5: Aktienanalyse: Fundamentalanalyse

Kapitel 6: Aktienanalyse: Technische Analyse

Kapitel 7: Langfristige vs. kurzfristige Investitionen

Kapitel 8: Aufbau eines starken Portfolios

Kapitel 9: Die Rolle von Dividenden beim Vermögensaufbau

Kapitel 10: Die Psychologie des Investierens

Kapitel 11: Sich in Bullen- und Bärenmärkten zurechtfinden
Kapitel 12: Steuerumsetzung und Investitionskonten
Kapitel 13: Technologie für den Markterfolg nutzen
Kapitel 14: Ethisches und nachhaltiges Investieren
Kapitel 15: Globale Investitionsmöglichkeiten
Kapitel 16: Aus der Marktgeschichte lernen
Kapitel 17: Vermeidung gängiger Anlagefallen
Fazit: So steuern Sie den Weg zum Erfolg an der Börse
Danksagung

Erfolg an der Börse: Den Markt meistern und langfristig Vermögen aufbauen

AUTOR
Dominik Schiffer

Einleitung: Der Weg zum Erfolg an der Börse

Willkommen bei „Erfolg an der Börse: Sich auf dem Markt zurechtfinden und langfristig Vermögen aufbauen". Egal, ob Sie ein unerfahrener Investor sind, der gerade erst seine Reise beginnt, oder ein erfahrener Trader, der seine Strategien verfeinern möchte, dieses Buch soll Ihr umfassender Leitfaden zur Beherrschung der Börse sein. Investitionen an der Börse können eine der effektivsten Möglichkeiten sein, langfristig Vermögen aufzubauen, aber es erfordert Wissen, Disziplin und einen strategischen Ansatz.

Die Börse wird oft als einschüchterndes und komplexes Gebiet wahrgenommen, das nur Finanzexperten und erfahrenen Händlern vorbehalten ist. Mit dem richtigen Verständnis und den richtigen Werkzeugen kann jedoch jeder daran teilnehmen und erfolgreich sein. Dieses Buch entmystifiziert die Börse, zerlegt ihre Konzepte und Praktiken in leicht verdauliche Stücke und bietet umsetzbare Erkenntnisse, die Ihnen helfen, fundierte Entscheidungen zu treffen.

In den folgenden Kapiteln werden wir die grundlegenden Elemente der Aktienmarktinvestition untersuchen. Sie erfahren etwas über die verschiedenen Arten von Aktien, die wichtigsten Marktteilnehmer und grundlegende Finanzkonzepte. Wir werden uns sowohl mit der Fundamental- als auch mit der technischen Analyse befassen und Ihnen die Fähigkeiten vermitteln, Aktien zu bewerten und profitable Gelegenheiten zu erkennen.

Einer der entscheidenden Aspekte erfolgreicher Investitionen ist die Festlegung klarer finanzieller Ziele und die Entwicklung einer soliden Anlagestrategie. Wir begleiten Sie durch diesen Prozess, helfen Ihnen bei der Definition Ihrer Ziele und erstellen einen Plan, der auf Ihre finanziellen Ambitionen und Ihre Risikobereitschaft zugeschnitten ist.

Risikomanagement und Diversifizierung sind entscheidend, um Ihre Investitionen vor Marktvolatilität zu schützen. In diesem Buch erfahren Sie, wie Sie Risiken mindern und ein diversifiziertes Portfolio aufbauen, das potenzielle Renditen mit akzeptablen Risikoniveaus in Einklang bringt.

Beim langfristigen Vermögensaufbau geht es nicht nur darum, die richtigen Aktien auszuwählen; es geht auch darum, die psychologischen Aspekte des Investierens zu verstehen. Emotionen können Anlageentscheidungen erheblich beeinflussen, und wir werden Strategien besprechen, um einen disziplinierten Ansatz beizubehalten und häufige psychologische Fallen zu vermeiden.

Der Aktienmarkt ist dynamisch und wird von verschiedenen wirtschaftlichen, politischen und technologischen Faktoren beeinflusst. Wir werden die Auswirkungen dieser Veränderungen untersuchen und wie Sie Ihre Strategien anpassen können, um die Nase vorn zu behalten. Darüber hinaus werden wir die Bedeutung ethischen und nachhaltigen Investierens behandeln und bei Ihren Anlageentscheidungen

Umwelt-, Sozial- und Governance-Faktoren (ESG) berücksichtigen.

In diesem Buch finden Sie praktische Tipps, Beispiele aus dem echten Leben und Expertenratschläge, die Ihr Verständnis und Ihr Selbstvertrauen stärken. Am Ende dieser Reise verfügen Sie über das Wissen und die Werkzeuge, um sich effektiv an der Börse zurechtzufinden und langfristigen Wohlstand aufzubauen.

Lassen Sie uns gemeinsam diese spannende Reise antreten, Ihre finanzielle Zukunft verändern und Erfolg an der Börse erzielen.

Kapitel 1: Grundlagen der Börse

Einführung

Die Börse ist seit langem ein Eckpfeiler der Vermögensbildung und bietet Einzelpersonen und Institutionen die Möglichkeit, in Unternehmen zu investieren und an deren Wachstum und Gewinnen teilzuhaben. Um sich in diesem komplexen und oft volatilen Umfeld zurechtzufinden, ist es entscheidend, seine grundlegenden Aspekte zu verstehen. Dieses Kapitel befasst sich mit den Grundkonzepten der Börse, den wichtigsten Akteuren, Aktienarten und den wichtigsten Mechanismen, die den Markt antreiben.

Was ist die Börse?

Die Börse, auch Aktienmarkt genannt, ist eine Plattform, auf der Aktien (Eigentumsanteile an

Unternehmen) gekauft und verkauft werden. Sie dient zwei Hauptzwecken: Sie bietet Unternehmen die Möglichkeit, durch die Ausgabe von Aktien Kapital zu beschaffen, und sie bietet Anlegern eine Plattform zum Kaufen und Verkaufen dieser Aktien, wobei sie potenziell vom Erfolg der Unternehmen profitieren können.

Aktienmärkte werden oft mit Börsen wie der New York Stock Exchange (NYSE) und der NASDAQ gleichgesetzt, an denen der Großteil des Handels stattfindet. Zu den Aktienmärkten gehören jedoch auch kleinere Börsen und außerbörsliche Märkte (OTC), an denen Wertpapiere gehandelt werden, die nicht an großen Börsen notiert sind.

Wichtige Marktteilnehmer

An der Börse interagieren mehrere Hauptakteure, jeder mit unterschiedlichen Rollen und Motivationen:

1. **Privatanleger**: Das sind ganz normale Menschen, die über Brokerage-Konten Aktien kaufen und verkaufen. Ihre Anlageziele können von kurzfristigen Gewinnen bis hin zum langfristigen Vermögensaufbau reichen.
2. **Institutionelle Anleger**: Dazu zählen Pensionsfonds, Investmentfonds, Versicherungsgesellschaften und Hedgefonds. Sie verfügen in der Regel über erhebliche finanzielle Ressourcen und können mit ihren großen Handelsgeschäften die Marktbewegungen beeinflussen.
3. **Unternehmen**: Unternehmen geben Aktien aus, um Kapital für Expansion, Forschung und Entwicklung oder andere Unternehmensaktivitäten zu beschaffen. Sie interagieren mit dem Markt hauptsächlich durch Börsengänge (IPOs) und Zweitplatzierungen.
4. **Makler und Maklerfirmen**: Makler fungieren als Vermittler zwischen Käufern und Verkäufern und vermitteln den Handel gegen eine Provision. Maklerfirmen können traditionelle (Full-Service-) oder Discount-Broker sein.

5. **Market Maker**: Dabei handelt es sich um Unternehmen (häufig Banken oder Maklerfirmen), die dem Markt Liquidität verleihen, indem sie von ihren eigenen Konten aus Aktien kaufen und verkaufen und so sicherstellen, dass für eine bestimmte Aktie immer ein Käufer oder Verkäufer zur Verfügung steht.
6. **Regulierungsbehörden**: Organisationen wie die Securities and Exchange Commission (SEC) in den Vereinigten Staaten überwachen den Markt, um Fairness, Transparenz und die Durchsetzung von Gesetzen und Vorschriften zu gewährleisten.

Arten von Aktien

Aktien können in verschiedene Kategorien eingeteilt werden, von denen jede unterschiedliche Merkmale und Auswirkungen für den Anleger aufweist:

1. **Stammaktien**: Sie repräsentieren das Eigentum an einem Unternehmen und

berechtigen die Aktionäre, über Unternehmensangelegenheiten abzustimmen und Dividenden zu erhalten. Stammaktionäre haben im Falle einer Liquidation als letzte Anspruch auf Vermögenswerte.

2. **Vorzugsaktien**: Diese bieten den Aktionären einen höheren Anspruch auf Vermögen und Erträge als Stammaktien. Vorzugsaktien bieten in der Regel feste Dividenden und sind nicht stimmberechtigt. Sie können eine attraktive Option für Anleger sein, die ein stabiles Einkommen suchen.

3. **Wachstumsaktien**: Von Unternehmen ausgegeben, bei denen ein überdurchschnittliches Wachstum im Vergleich zu anderen Unternehmen erwartet wird. Diese Aktien zahlen in der Regel keine Dividenden, da die Gewinne reinvestiert werden, um weiteres Wachstum anzukurbeln. Sie können hohe Renditen bieten, sind aber mit einem höheren Risiko verbunden.

4. **Value-Aktien**: Dies sind Aktien von Unternehmen, die auf der Grundlage einer Fundamentalanalyse unterbewertet erscheinen.

Value-Aktien zahlen häufig Dividenden und können aufgrund ihres im Verhältnis zu ihrem inneren Wert niedrigeren Preises eine Sicherheitsmarge bieten.

5. **Blue-Chip-Aktien**: Aktien großer, etablierter und finanziell solider Unternehmen mit einer Geschichte zuverlässiger Performance und konstanter Dividenden. Beispiele hierfür sind Unternehmen wie Apple, Microsoft und Johnson & Johnson.

6. **Dividendenaktien**: Diese Aktien sind dafür bekannt, regelmäßig hohe Dividenden auszuschütten. Sie werden häufig von einkommensorientierten Anlegern, wie zum Beispiel Rentnern, bevorzugt.

7. **Penny Stocks**: Niedrigpreisige, hochspekulative Aktien kleiner Unternehmen. Sie können erhebliche Gewinne abwerfen, sind aber aufgrund ihrer Volatilität und mangelnden Liquidität mit erheblichen Risiken verbunden.

Wie Aktien gehandelt werden

Der Aktienhandel an Börsen erfolgt in einem Prozess, der verschiedene Schritte und Mechanismen umfasst:

1. **Auftrag erteilen**: Anleger erteilen Aufträge über Broker und geben dabei die Aktie, die Menge und den Preis an, zu dem sie kaufen oder verkaufen möchten. Aufträge können Marktaufträge (Ausführung zum aktuellen Marktpreis) oder Limitaufträge (Ausführung nur zu einem bestimmten Preis oder besser) sein.
2. **Matching Orders**: An der Börse werden Orders von Market Makern oder über ein elektronisches Orderbuch zusammengeführt. Wenn eine Kauforder und eine Verkaufsorder die angegebenen Kriterien erfüllen, wird ein Handel ausgeführt.
3. **Abwicklung**: Sobald ein Handel ausgeführt wurde, muss er abgewickelt werden, d. h. der Käufer bezahlt die Aktie und der Verkäufer liefert sie. Die Abwicklung erfolgt normalerweise zwei Werktage nach dem Handelsdatum (T+2).

4. **Clearing**: Der Prozess der Aktualisierung der Konten der Handelsparteien und der Organisation des Aktien- und Geldtransfers wird von Clearinghäusern wie der National Securities Clearing Corporation (NSCC) in den USA abgewickelt.

Wichtige Börsen

Für Anleger ist es wichtig, die wichtigsten Börsenplätze zu kennen:

1. **New York Stock Exchange (NYSE)**: Die NYSE liegt an der Wall Street in New York City und ist gemessen an der Marktkapitalisierung die größte Börse der Welt. Sie ist für ihre strengen Zulassungsanforderungen bekannt und beherbergt viele Blue-Chip-Unternehmen.
2. **NASDAQ**: NASDAQ hat seinen Sitz ebenfalls in New York City, ist für sein elektronisches Handelssystem bekannt und beherbergt viele Technologie- und Wachstumsunternehmen, darunter Giganten wie Apple, Amazon und Google.

3. **London Stock Exchange (LSE)**: Als eine der ältesten Börsen der Welt ist die LSE ein wichtiger Finanzknotenpunkt in Europa und notiert Unternehmen aus der ganzen Welt.
4. **Tokio Stock Exchange (TSE)**: Als größte Börse Japans ist die TSE von entscheidender Bedeutung für den Handel mit japanischen Aktien und ein bedeutender Akteur auf dem asiatischen Markt.
5. **Shanghai Stock Exchange (SSE)**: Als eine der größten Börsen Chinas spielt die SSE eine entscheidende Rolle in der wachsenden chinesischen Wirtschaft.

Aktienmarktindizes

Aktienmarktindizes sind wichtige Instrumente zur Verfolgung der Entwicklung bestimmter Marktsegmente:

1. **Dow Jones Industrial Average (DJIA)**: Der DJIA besteht aus 30 großen US-Unternehmen, ist einer der ältesten und

bekanntesten Indizes und dient als Barometer für den gesamten Aktienmarkt.
2. **S&P 500**: Dieser Index umfasst 500 der größten US-Unternehmen und wird allgemein als bester Indikator für die Gesamtentwicklung des US-Aktienmarktes angesehen.
3. **NASDAQ Composite**: Dieser Index umfasst alle an der NASDAQ-Börse notierten Aktien, mit einem starken Schwerpunkt auf Technologie- und Biotech-Unternehmen.
4. **FTSE 100**: Der FTSE 100 repräsentiert die 100 größten an der Londoner Börse notierten Unternehmen und ist ein wichtiger Indikator für den britischen Aktienmarkt.
5. **Nikkei 225**: Ein Benchmarkindex für die Tokioter Börse, bestehend aus 225 großen, börsennotierten Unternehmen in Japan.

Marktphasen und Zyklen

Der Aktienmarkt durchläuft verschiedene Phasen und Zyklen, die von der Konjunkturlage, der Anlegerstimmung und anderen Faktoren beeinflusst werden:

1. **Bullenmärkte**: Gekennzeichnet durch steigende Aktienkurse, wirtschaftlichen Optimismus und zunehmendes Anlegervertrauen. Bullenmärkte können mehrere Jahre andauern und bieten erhebliche Gewinnchancen.
2. **Bärenmärkte**: Gekennzeichnet durch fallende Aktienkurse, Wirtschaftspessimismus und abnehmendes Anlegervertrauen. Bärenmärkte können auch längere Zeiträume andauern und werden oft als Zeiten mit höherem Risiko angesehen.
3. **Marktkorrekturen**: Ein kurzfristiger Rückgang der Aktienkurse von 10 % oder mehr gegenüber den jüngsten Höchstständen, oft als normaler Teil von Marktzyklen und potenzielle Kaufgelegenheit angesehen.
4. **Rezessionen und Erholungen**: Konjunkturabschwünge (Rezessionen) können zu anhaltenden Bärenmärkten führen, während Erholungen häufig den Beginn neuer Bullenmärkte auslösen.

Die Bedeutung finanzieller Bildung

Um erfolgreich an der Börse zu agieren, müssen Anleger über Finanzkenntnisse verfügen. Dazu gehört das Verständnis der wichtigsten Finanzberichte, Marktindikatoren und wirtschaftlichen Prinzipien:

1. **Finanzberichte**: Dazu gehören die Gewinn- und Verlustrechnung, die Bilanz und die Kapitalflussrechnung. Sie geben Aufschluss über die Rentabilität, die finanzielle Gesundheit und die Cash-Generierung eines Unternehmens.
- **Gewinn- und Verlustrechnung**: Zeigt Einnahmen, Ausgaben und Gewinn über einen bestimmten Zeitraum.
- **Bilanz**: Fasst Vermögenswerte, Verbindlichkeiten und Eigenkapital zu einem bestimmten Zeitpunkt zusammen.
- **Kapitalflussrechnung**: Einzelheiten zu den Mittelzuflüssen und -abflüssen aus operativen Tätigkeiten sowie Investitions- und Finanzierungstätigkeiten.

2. **Marktindikatoren**: Tools wie das Kurs-Gewinn-Verhältnis (KGV), die Dividendenrendite und die Marktkapitalisierung helfen bei der Beurteilung des Werts und des Potenzials von Aktien.
3. **Wirtschaftsindikatoren**: Faktoren wie BIP-Wachstum, Arbeitslosenquote und Inflation beeinflussen die Marktbedingungen und sollten von Anlegern beobachtet werden.

Festlegen finanzieller Ziele und Anlagestrategien

Effektives Investieren erfordert klare finanzielle Ziele und gut definierte Strategien:

1. **Finanzielle Ziele definieren**: Ziele sollten spezifisch, messbar, erreichbar, relevant und zeitgebunden (SMART) sein. Beispiele hierfür sind das Sparen für den Ruhestand, die Finanzierung der Ausbildung oder der Kauf eines Eigenheims.
2. **Erstellung eines Investitionsplans**: Dazu gehört die Auswahl geeigneter Anlageklassen,

die Bestimmung der Risikotoleranz und die Festlegung eines Zeitplans. Ein diversifiziertes Portfolio, das auf die finanziellen Ziele und die Risikotoleranz abgestimmt ist, ist für den langfristigen Erfolg unerlässlich.

Risikomanagement und Diversifikation

Das Risikomanagement ist ein entscheidender Bestandteil erfolgreicher Investitionen:

1. **Marktrisiken verstehen**: Zu den Risiken zählen Marktrisiken, Zinsrisiken, Inflationsrisiken und unternehmensspezifische Risiken. Das Erkennen und Verstehen dieser Risiken ist der erste Schritt zu ihrer Bewältigung.
2. **Strategien zur Diversifizierung**: Eine Diversifizierung über verschiedene Anlageklassen (Aktien, Anleihen, Immobilien), Sektoren und geografische Regionen hinweg kann zur Risikominderung beitragen. Ziel ist die Schaffung eines ausgewogenen Portfolios, das

verschiedenen Marktbedingungen standhalten kann.

Aktienanalyse: Fundamentalanalyse

Bei der Fundamentalanalyse wird die finanzielle Gesundheit und die Aussichten eines Unternehmens bewertet, um seinen inneren Wert zu bestimmen. Bei diesem Ansatz werden verschiedene Finanzkennzahlen, Wirtschaftsindikatoren und qualitative Faktoren untersucht. Hier sind einige wesentliche Elemente der Fundamentalanalyse:

1. **Wichtige Finanzkennzahlen**:
- **Kurs-Gewinn-Verhältnis (KGV)**: Misst den aktuellen Aktienkurs des Unternehmens im Verhältnis zu seinem Gewinn pro Aktie. Ein höheres KGV kann darauf hinweisen, dass eine Aktie überbewertet ist, oder es könnte auf hohe zukünftige Wachstumserwartungen hindeuten.
- **Kurs-Buchwert-Verhältnis (P/B)**: Vergleicht den Marktwert eines Unternehmens mit seinem Buchwert. Ein Kurs-Buchwert-

Verhältnis von weniger als 1 kann auf eine unterbewertete Aktie hinweisen.
- **Debt-to-Equity (D/E) Ratio**: Gibt den relativen Anteil des Eigenkapitals und der Schulden an, die zur Finanzierung der Vermögenswerte eines Unternehmens verwendet werden. Ein niedrigeres D/E-Verhältnis deutet in der Regel auf eine gesündere Bilanz hin.
- **Eigenkapitalrendite (ROE)**: Misst die Rentabilität eines Unternehmens, indem angegeben wird, wie viel Gewinn ein Unternehmen mit dem Geld erzielt, das die Aktionäre investiert haben. Eine höhere Eigenkapitalrendite weist auf effektives Management und profitablen Einsatz des Eigenkapitals hin.
- **Dividendenrendite**: Zeigt, wie viel ein Unternehmen jährlich im Verhältnis zu seinem Aktienkurs an Dividenden ausschüttet. Dies ist eine wichtige Kennzahl für einkommensorientierte Anleger.

2. **Bewertung der Unternehmensleistung**:

- **Gewinnberichte**: Diese Berichte werden regelmäßig von Unternehmen herausgegeben und bieten Einblicke in Umsatz, Gewinnspannen, Gewinn pro Aktie (EPS) und Zukunftsprognosen. Kontinuierliches Gewinnwachstum ist ein positiver Indikator.
- **Managementqualität**: Die Kompetenz und Erfolgsbilanz des Managementteams eines Unternehmens können dessen Leistung erheblich beeinflussen. Führungswechsel und strategische Entscheidungen sind entscheidende Faktoren, die berücksichtigt werden müssen.
- **Wettbewerbsvorteil**: Dieser sogenannte wirtschaftliche Schutzgraben bezeichnet die einzigartigen Vorteile, die es einem Unternehmen ermöglichen, seine Konkurrenten zu übertreffen. Dies können eine starke Marke, Patente, Kostenvorteile oder Netzwerkeffekte sein.

3. **Branchen- und Wirtschaftsanalyse**:
- **Branchentrends**: Das Verständnis der Dynamik der Branche, in der ein Unternehmen tätig ist, kann einen Kontext für seine Leistung

und Aussichten liefern. Betrachten Sie Marktgröße, Wachstumsraten und das regulatorische Umfeld.
- **Makroökonomische Faktoren**: Wirtschaftsindikatoren wie BIP-Wachstum, Zinssätze und Inflation wirken sich auf die allgemeinen Marktbedingungen aus und können die Performance einzelner Aktien beeinflussen.

Aktienanalyse: Technische Analyse

Bei der technischen Analyse werden vergangene Marktdaten, vor allem Preis und Volumen, ausgewertet, um zukünftige Preisbewegungen vorherzusagen. Sie basiert auf der Annahme, dass Marktpreise alle verfügbaren Informationen widerspiegeln und dass Muster in Preisdiagrammen auf zukünftige Trends hinweisen können.

1. **Aktiencharts lesen**:
- **Liniendiagramme**: Einfache Diagramme, die Schlusskurse im Zeitverlauf anzeigen. Sie

bieten einen klaren Überblick über langfristige Trends.
- **Balkendiagramme**: Zeigen die Eröffnungs-, Höchst-, Tiefst- und Schlusskurse für jeden Zeitraum. Diese Diagramme bieten mehr Details als Liniendiagramme.
- **Candlestick-Charts**: Ähnlich wie Balkendiagramme, jedoch mit einer visuelleren Darstellung der Preisbewegungen. Sie helfen dabei, Muster zu erkennen, die auf bullische oder bärische Trends hinweisen.

2. **Trends und Muster erkennen**:
- **Trendlinien**: Gerade Linien in einem Diagramm, die zwei oder mehr Preispunkte verbinden. Sie helfen dabei, die Richtung der Preisbewegung einer Aktie zu erkennen.
- **Unterstützungs- und Widerstandsniveaus**: Unterstützung ist ein Preisniveau, bei dem eine Aktie tendenziell auf Kaufinteresse stößt, während Widerstand ein Niveau ist, bei dem Verkaufsinteresse vorherrscht. Diese Niveaus können potenzielle Einstiegs- und Ausstiegspunkte anzeigen.

- **Gleitende Durchschnitte**: Berechnet durch die Mittelung des Aktienkurses über einen bestimmten Zeitraum. Gängige Typen sind der einfache gleitende Durchschnitt (SMA) und der exponentielle gleitende Durchschnitt (EMA). Sie glätten Preisdaten, um Trends zu erkennen.
- **Technische Indikatoren**: Tools wie der Relative Strength Index (RSI), Moving Average Convergence Divergence (MACD) und Bollinger Bands bieten zusätzliche Einblicke in Preisbewegungen und mögliche Umkehrungen.

3. **Volumenanalyse**:
- **Volumentrends**: Das Volumen misst die Anzahl der in einem bestimmten Zeitraum gehandelten Aktien. Ein steigendes Volumen deutet normalerweise auf stärkere Trends hin, während ein sinkendes Volumen eine mögliche Umkehr signalisieren kann.
- **Volumenoszillatoren**: Indikatoren wie das On-Balance Volume (OBV) und der Volume Price Trend (VPT) analysieren das Volumen im Verhältnis zu Preisbewegungen, um zusätzlichen Kontext bereitzustellen.

Langfristige vs. kurzfristige Investitionen

Anlagestrategien können grob in langfristige und kurzfristige Strategien eingeteilt werden, die jeweils unterschiedliche Vorteile und Risiken mit sich bringen.

1. **Vorteile von langfristigen Investitionen**:
- **Zinseszinseffekt**: Durch langfristige Investitionen können sich die Erträge im Laufe der Zeit verzinsen, was zu exponentiellem Wachstum führt.
- **Reduzierte Transaktionskosten**: Weniger Trades bedeuten geringere Kosten im Zusammenhang mit Kaufen und Verkaufen.
- **Steuervorteile**: Langfristige Kapitalgewinne werden oft niedriger besteuert als kurzfristige Gewinne.
- **Emotionale Stabilität**: Langfristige Anleger reagieren weniger auf kurzfristige Marktvolatilität, wodurch das Risiko emotionaler Entscheidungen verringert wird.

2. **Risiken und Vorteile des kurzfristigen Handels**:
- **Potenzial für schnelle Gewinne**: Kurzfristiger Handel kann in kurzer Zeit erhebliche Gewinne generieren.
- **Höheres Risiko**: Erhöhte Volatilität und die Notwendigkeit eines präzisen Timings machen den kurzfristigen Handel riskanter.
- **Erhöhte Kosten**: Häufigerer Handel verursacht höhere Transaktionskosten und möglicherweise höhere Steuern.
- **Emotionale Belastung**: Das schnelle Tempo und die erforderliche ständige Überwachung können Stress verursachen.

Aufbau eines starken Portfolios

Der Aufbau eines soliden Anlageportfolios erfordert strategische Planung und kontinuierliches Management.

1. **Portfolioaufbau**:
- **Asset Allocation**: Verteilung der Investitionen auf verschiedene Anlageklassen

(Aktien, Anleihen, Immobilien) basierend auf Risikobereitschaft, Zeithorizont und finanziellen Zielen.
- **Sektordiversifizierung**: Streuung der Investitionen auf verschiedene Branchen, um die Anfälligkeit für sektorspezifische Risiken zu verringern.
- **Geografische Diversifizierung**: Einbeziehung internationaler Aktien, um länderspezifische Risiken zu mindern und globale Wachstumschancen zu nutzen.

2. **Regelmäßige Portfolioüberprüfung und Neugewichtung**:
- **Performancebewertung**: Regelmäßige Überprüfung der Performance einzelner Anlagen und des Gesamtportfolios.
- **Rebalancing**: Anpassung des Portfolios, um die gewünschte Vermögensaufteilung beizubehalten. Dies kann den Verkauf von Vermögenswerten mit überdurchschnittlicher Performance und den Kauf von Vermögenswerten mit schlechter Performance beinhalten.

- **Auf dem Laufenden bleiben**: Verfolgen Sie Markttrends, wirtschaftliche Entwicklungen und Änderungen bei einzelnen Investitionen, um fundierte Entscheidungen zu treffen.

Die Rolle von Dividenden beim Vermögensaufbau

Dividenden können beim Vermögensaufbau eine bedeutende Rolle spielen, insbesondere für einkommensorientierte Anleger.

1. **Dividenden verstehen**:
- **Dividendenzahlungen**: Regelmäßige Zahlungen eines Unternehmens an seine Aktionäre, in der Regel aus den Gewinnen.
- **Dividendenrendite**: Die Dividendenausschüttung geteilt durch den Aktienkurs, ausgedrückt als Prozentsatz. Sie gibt die Ertragsrendite einer Investition an.
- **Dividendenwachstum**: Unternehmen, die ihre Dividendenzahlungen im Laufe der Zeit kontinuierlich erhöhen, können für steigende

Einnahmequellen sorgen und ein Zeichen finanzieller Gesundheit sein.

2. **Dividenden-Reinvestitionspläne (DRIPs)**:
- **Automatische Reinvestition**: DRIPs ermöglichen es Anlegern, Dividenden automatisch in zusätzliche Aktien des Unternehmens zu reinvestieren, oft ohne Zahlung von Provisionsgebühren.
- **Zinseszinseffekt**: Die Reinvestition von Dividenden kann durch den Zinseszinseffekt die langfristigen Erträge erheblich steigern.

Die Psychologie des Investierens

Beim Investieren geht es sowohl darum, Emotionen zu steuern, als auch rationale Entscheidungen zu treffen. Das Verstehen und Überwinden psychologischer Vorurteile ist für langfristigen Erfolg entscheidend.

1. **Emotionale Vorurteile überwinden**:

- **Angst und Gier**: Angst kann bei Marktabschwüngen zu Panikverkäufen führen, während Gier bei Marktaufschwüngen zu übermäßiger Risikobereitschaft führen kann.
- **Bestätigungsfehler**: Die Tendenz, nach Informationen zu suchen, die bestehende Überzeugungen bestätigen, und gegenteilige Beweise zu ignorieren. Dies kann zu schlechten Entscheidungen führen.
- **Herdenmentalität**: Der Masse zu folgen kann dazu führen, dass man teuer kauft und billig verkauft, was dem Grundprinzip widerspricht, billig zu kaufen und teuer zu verkaufen.

2. **Entwicklung eines disziplinierten Ansatzes**:
- **Einen Plan erstellen**: Ein gut durchdachter Investitionsplan hilft, Fokus und Disziplin aufrechtzuerhalten.
- **Am Plan festhalten**: Das Festhalten an Ihrer Strategie während Marktschwankungen verhindert emotionale Entscheidungen.

- **Aus Fehlern lernen**: Die Analyse vergangener Anlagefehler kann wertvolle Erkenntnisse liefern und zukünftige Entscheidungen verbessern.

Navigieren durch Bullen- und Bärenmärkte

Für den langfristigen Erfolg ist es wichtig zu verstehen, wie man sich unter unterschiedlichen Marktbedingungen zurechtfindet.

1. **Strategien für Bullenmärkte**:
- **Den Trend reiten**: Konzentrieren Sie sich in einem Bullenmarkt auf Wachstumsaktien und Sektoren, die vom Wirtschaftswachstum profitieren dürften.
- **Gewinnmitnahmen**: Durch schrittweise Gewinnmitnahmen während längerer Kursrallyes können Sie Gewinne sichern und das Risiko reduzieren.

2. **Überleben und Gedeihen in Bärenmärkten**:

- **Defensive Investitionen**: Konzentrieren Sie sich auf defensive Aktien wie Versorgungsunternehmen und Konsumgüterhersteller, die von Konjunkturabschwüngen tendenziell weniger betroffen sind.
- **Chancen finden**: Bärenmärkte können Gelegenheiten bieten, Qualitätsaktien zu reduzierten Preisen zu kaufen.

Steuerliche Auswirkungen und Anlagekonten

Wenn Sie die steuerlichen Auswirkungen einer Investition verstehen und die richtigen Anlagekonten auswählen, können Sie die Rendite nach Steuern steigern.

1. **Die Besteuerung von Investitionen verstehen**:
- **Kapitalertragsteuer**: Steuer auf den Gewinn aus dem Verkauf eines Vermögenswerts. Langfristige Kapitalgewinne werden niedriger besteuert als kurzfristige Gewinne.

- **Dividendensteuer**: Qualifizierte Dividenden werden zu einem niedrigeren Satz besteuert als normales Einkommen, während nicht qualifizierte Dividenden zum normalen Einkommenssteuersatz besteuert werden.

2. **Steuerbegünstigte Konten**:
- **Individuelle Altersvorsorgekonten (IRAs)**: Bieten steueraufgeschobenes oder steuerfreies Wachstum, je nach Art des IRA (traditionell oder Roth).
- **401(k)-Pläne**: Vom Arbeitgeber geförderte Altersvorsorgepläne mit steueraufgeschobenem Wachstum und möglichen Arbeitgeber-Equity-Beiträgen.
- **Gesundheitseinsparungen Konten (HSAs)**: Bieten dreifache Steuervorteile – Einzahlungen sind steuerlich absetzbar, Wachstum ist steuerfrei und Abhebungen für qualifizierte medizinische Ausgaben sind steuerfrei. HSAs können auch als langfristige Anlagevehikel verwendet werden.

Auswahl des richtigen Maklers

Die Auswahl des richtigen Brokers ist ein entscheidender Schritt auf Ihrem Weg zum Investieren. Verschiedene Broker bieten unterschiedliche Serviceleistungen, Gebühren und Funktionen an.

1. **Arten von Maklerfirmen**:
- **Full-Service-Broker**: Bieten eine breite Palette von Dienstleistungen an, darunter Anlageberatung, Altersvorsorge und Steuerplanung. Beispiele sind Morgan Stanley und Merrill Lynch. Diese Broker verlangen in der Regel höhere Gebühren.
- **Discount-Broker**: Bieten weniger Dienstleistungen an, verlangen aber niedrigere Gebühren. Beispiele sind Charles Schwab, Fidelity und TD Ameritrade. Diese Broker sind für selbstbestimmte Anleger geeignet.
- **Robo-Advisors**: Automatisierte Plattformen, die Portfoliomanagement auf Basis von Algorithmen anbieten. Beispiele sind Betterment und Wealthfront. Sie bieten niedrige

Gebühren und sind ideal für diejenigen, die einen praktischen Ansatz suchen.

2. **Bewertung von Maklerfirmen**:
- **Gebühren und Provisionen**: Vergleichen Sie die Kosten für Trades, Kontoführungsgebühren und andere Gebühren.
- **Anlageoptionen**: Stellen Sie sicher, dass das Maklerunternehmen die Anlagearten anbietet, an denen Sie interessiert sind, wie etwa Aktien, Anleihen, ETFs, Investmentfonds und Optionen.
- **Plattform und Tools**: Bewerten Sie die Qualität und Benutzerfreundlichkeit der Handelsplattform, der Forschungstools und der Bildungsressourcen.
- **Kundenservice**: Berücksichtigen Sie die Verfügbarkeit und Qualität des Kundensupports.

Die Rolle der Finanzberater

Finanzberater können wertvolle Beratung leisten, insbesondere für diejenigen, die neu im

Anlagegeschäft sind oder sich in einer komplexen Finanzsituation befinden.

1. **Arten von Finanzberatern**:
- **Certified Financial Planners (CFPs)**: Berater mit einer Zertifizierung, die ihre Fachkenntnisse in der Finanzplanung, einschließlich Investitionen, Ruhestand, Steuern und Nachlassplanung, nachweist.
- **Registered Investment Advisors (RIAs)**: Treuhänder, die im besten Interesse ihrer Kunden handeln müssen. Sie erheben häufig eine Gebühr, die auf einem Prozentsatz des verwalteten Vermögens basiert.
- **Broker-Dealer**: Berater, die Provisionen aus dem Verkauf von Finanzprodukten verdienen können. Sie müssen einen Eignungsstandard einhalten, d. h. die Empfehlungen müssen für den Kunden geeignet sein.

2. **Wann Sie einen Finanzberater in Betracht ziehen sollten**:

- **Komplexe Finanzsituationen**: Wenn Sie mehrere Finanzziele, erhebliche Vermögenswerte oder komplizierte Steuer- oder Nachlassplanungsbedürfnisse haben.
- **Mangel an Zeit oder Fachwissen**: Wenn Sie nicht über die Zeit oder das Fachwissen verfügen, um Ihre Investitionen effektiv zu verwalten.
- **Wunsch nach professioneller Beratung**: Wenn Sie es vorziehen, dass Ihnen ein Fachmann bei finanziellen Entscheidungen hilft und Ihnen Rechenschaft ablegt.

Konjunkturindikatoren und ihre Auswirkungen auf den Aktienmarkt

Konjunkturindikatoren geben Aufschluss über den Zustand der Wirtschaft und können die Entwicklung des Aktienmarktes maßgeblich beeinflussen.

1. **Wichtige Wirtschaftsindikatoren**:
- **Bruttoinlandsprodukt (BIP)**: Misst die gesamte Wirtschaftsleistung eines Landes. Ein

starkes BIP-Wachstum korreliert oft mit robusten Unternehmensgewinnen und einer guten Entwicklung der Aktienmärkte.
- **Arbeitslosenquote**: Gibt den Prozentsatz der Erwerbsbevölkerung an, der arbeitslos ist. Eine hohe Arbeitslosigkeit kann ein Zeichen wirtschaftlicher Schwäche sein, während eine niedrige Arbeitslosigkeit typischerweise ein Zeichen wirtschaftlicher Stärke ist.
- **Inflationsrate**: Misst die Rate, mit der die Preise für Waren und Dienstleistungen steigen. Eine moderate Inflation ist normal, aber eine hohe Inflation kann die Kaufkraft schwächen und sich auf die Unternehmensgewinne auswirken.
- **Zinssätze**: Die von den Zentralbanken festgelegten Zinssätze beeinflussen die Kreditkosten und die Verbraucherausgaben. Niedrigere Zinssätze stimulieren tendenziell das Wirtschaftswachstum, während höhere Zinssätze es verlangsamen können.
- **Verbrauchervertrauensindex**: Misst die Verbraucherstimmung in Bezug auf die Wirtschaft. Hohes Verbrauchervertrauen kann

zu höheren Ausgaben und Wirtschaftswachstum führen.

2. **Interpretation wirtschaftlicher Daten**:
- **Frühindikatoren**: Sagen zukünftige Wirtschaftsaktivitäten voraus, beispielsweise neue Aufträge für langlebige Güter und Baugenehmigungen.
- **Nachlaufende Indikatoren**: Spiegeln die wirtschaftliche Entwicklung der Vergangenheit wider, beispielsweise die Arbeitslosenquote und die Unternehmensgewinne.
- **Koinzidentelle Indikatoren**: Bewegen sich gleichzeitig mit der Wirtschaft, wie z. B. die Industrieproduktion und das persönliche Einkommensniveau.

Die Weltwirtschaft und internationale Investitionen

Durch Investitionen in internationale Märkte können Diversifikationsvorteile und die Nutzung von Wachstumschancen außerhalb des Heimatmarkts erzielt werden.

1. **Vorteile von internationalen Investitionen**:
   - **Diversifikation**: Reduziert das Risiko durch die Streuung der Investitionen auf verschiedene Volkswirtschaften und Märkte.
   - **Wachstumschancen**: Zugang zu Schwellenmärkten mit hohem Wachstumspotenzial.
   - **Währungsrisiko**: Gewinnpotenzial aus günstigen Wechselkursschwankungen.

2. **Risiken internationaler Investitionen**:
   - **Politische Risiken**: Änderungen der Regierungspolitik, politische Instabilität und regulatorische Änderungen können sich auf Investitionen auswirken.
   - **Währungsrisiko**: Wechselkursschwankungen können den Wert internationaler Investitionen beeinträchtigen.
   - **Marktrisiko**: Unterschiedliche Marktdynamiken, darunter geringere Liquidität und höhere Volatilität, können zusätzliche Risiken bergen.

3. **Möglichkeiten, international zu investieren**:
- **Internationale Aktien**: Direktkauf von Aktien von Unternehmen, die an ausländischen Börsen notiert sind.
- **American Depositary Receipts (ADRs)**: in den USA notierte Wertpapiere, die Anteile an ausländischen Unternehmen repräsentieren.
- **Internationale Investmentfonds und ETFs**: Gepoolte Anlagevehikel, die ein diversifiziertes Engagement auf den internationalen Märkten bieten.

Der Einfluss der Technologie auf das Investieren

Die Technologie hat die Investmentlandschaft revolutioniert und sie zugänglicher und effizienter gemacht.

1. **Online-Handelsplattformen**: Ermöglichen Anlegern den elektronischen Kauf und Verkauf von Wertpapieren, oft zu

geringeren Kosten als mit herkömmlichen Methoden.
- **Vorteile**: Echtzeithandel, niedrigere Gebühren, Zugriff auf Forschungs- und Analysetools und Benutzerfreundlichkeit.
- **Herausforderungen**: Erfordert ein gewisses Maß an technischem Können und kann zu impulsivem Handelsverhalten führen.

2. Algorithmischer Handel: Verwendet Computeralgorithmen, um Trades basierend auf vorgegebenen Kriterien auszuführen.
-Hochfrequenzhandel (HFT): Eine Form des algorithmischen Handels, bei der eine große Anzahl von Aufträgen mit extrem hoher Geschwindigkeit ausgeführt wird. Dies kann die Marktliquidität verbessern, aber auch zur Volatilität beitragen.
-Robo-Advisors: Automatisierte Plattformen, die Portfolios mithilfe von Algorithmen verwalten, die auf den Zielen und der Risikobereitschaft des Anlegers basieren.

-Blockchain und Kryptowährungen: Neue Technologien, die die Finanzmärkte neu gestalten.
-Blockchain: Eine dezentrale Ledger-Technologie, die Kryptowährungen zugrunde liegt. Sie bietet potenzielle Anwendungen in Handels-, Clearing- und Abwicklungsprozessen.Kryptowährungen: Digitale oder virtuelle Währungen, die Kryptografie zur Sicherheit verwenden. Sie bieten eine alternative Anlageklasse, sind jedoch mit hoher Volatilität und regulatorischer Unsicherheit verbunden.Ethisches und nachhaltiges InvestierenInvestieren mit Fokus auf Umwelt-, Sozial- und Governance-Kriterien (ESG) wird immer beliebter.

ESG-Investitionen verstehen:
-Umwelt: Zu den Faktoren zählen die Auswirkungen eines Unternehmens auf die Umwelt, wie etwa der CO_2-Fußabdruck, die Abfallwirtschaft und die Ressourceneffizienz.
-Soziales: Der Schwerpunkt liegt auf sozialer Verantwortung, einschließlich Arbeitspraktiken,

gesellschaftlichem Engagement und Menschenrechten.
-Governance: Umfasst Corporate-Governance-Praktiken wie Vielfalt im Vorstand, Vergütung der Führungskräfte und Transparenz.

Vorteile von ESG-Investitionen :
-Langfristige Leistung: Unternehmen mit starken ESG-Praktiken sind möglicherweise besser für langfristigen Erfolg aufgestellt.
- Risikominderung: ESG-Faktoren können bei der Identifizierung potenzieller Risiken im Zusammenhang mit Umwelt- und Sozialproblemen helfen.
-Ausrichtung an Werten: Ermöglicht Anlegern, ihre Investitionen an ihren persönlichen Werten und gesellschaftlichen Wirkungszielen auszurichten.

Herausforderungen von ESG-Investitionen :
-Datenverfügbarkeit: Inkonsistente und unvollständige ESG-Daten können die Bewertung von Unternehmen erschweren.

-Leistungskompromisse: Die Abwägung zwischen ESG-Kriterien und finanzieller Leistung kann komplex sein.
-ESG-Anlagestrategien: Negatives Screening: Ausschluss von Unternehmen oder Branchen, die bestimmte ESG-Kriterien nicht erfüllen.
-Positives Screening: Auswahl von Unternehmen, die bei ESG-Kennzahlen gut abschneiden.
-Thematisches Investieren: Konzentration auf bestimmte ESG-Themen wie erneuerbare Energien oder soziale Auswirkungen.

Das Verständnis der Grundlagen der Börse ist die Grundlage für erfolgreiches Investieren. Dieses Kapitel bietet einen umfassenden Überblick über die wesentlichen Aspekte des Investierens an der Börse, einschließlich der Arten von Aktien, der wichtigsten Marktteilnehmer, der Handelsmechanismen und der Analysetechniken. Es behandelt auch die Bedeutung von Finanzkompetenz, das Setzen von Anlagezielen, das Risikomanagement und die psychologischen Aspekte des Investierens.

Denken Sie bei Ihrem Investmentvorhaben daran, dass Wissen Ihr mächtigstes Werkzeug ist. Bilden Sie sich kontinuierlich weiter, bleiben Sie über Markttrends und Wirtschaftsindikatoren informiert und passen Sie Ihre Strategien an veränderte Bedingungen an. Mit einem soliden Verständnis der Grundlagen und einem disziplinierten Ansatz können Sie sich effektiv an der Börse bewegen und langfristig Vermögen aufbauen.

Kapitel 2: Die Bedeutung finanzieller Bildung

Finanzielle Bildung ist der Grundstein für effektives Investieren und Vermögensaufbau. Dazu gehört das Verstehen und Anwenden verschiedener Finanzkompetenzen, darunter persönliches Finanzmanagement, Budgetierung und Investieren. In diesem Kapitel werden wir untersuchen, warum finanzielle Bildung für das Navigieren an der Börse und den Aufbau langfristigen Vermögens von entscheidender Bedeutung ist. Wir werden uns mit den verschiedenen Aspekten der finanziellen Bildung und ihren Auswirkungen auf Investitionsentscheidungen befassen und praktische Schritte zur Erweiterung Ihres Finanzwissens aufzeigen.

Definition von Finanzkompetenz

Finanzielle Bildung umfasst ein breites Spektrum an Finanzwissen und -fähigkeiten.

Dazu gehört das Verständnis, wie Geld funktioniert, wie man fundierte Finanzentscheidungen trifft, wie man mit Schulden umgeht, wie man klug spart und investiert und wie man für zukünftige Finanzbedürfnisse plant.

1. **Grundlegende Finanzkonzepte**:
- **Budgetierung**: Der Prozess der Erstellung eines Plans zur Ausgabe Ihres Geldes. Dadurch wird sichergestellt, dass Sie genug Geld für Ihre Bedürfnisse haben und für die Zukunft sparen und investieren können.
- **Sparen und Investieren**: Den Unterschied zwischen Sparen (Geld für kurzfristige Bedürfnisse beiseitelegen) und Investieren (Geld in Vermögenswerte anlegen, um langfristige Erträge zu erzielen) verstehen.
- **Schuldenmanagement**: Wissen, wie man Kredite sinnvoll nutzt und Schulden verwaltet, um finanzielle Fallstricke zu vermeiden.
- **Ruhestandsplanung**: Finanzielle Vorbereitung auf den Ruhestand durch Verständnis von Altersvorsorgekonten,

Pensionsplänen und der Bedeutung frühzeitiger und regelmäßiger Einzahlungen.

2. **Fortgeschrittene Finanzkonzepte**:
- **Zinseszins**: Der Vorgang, bei dem die Zinsen für eine Einlage oder ein Darlehen sowohl auf Grundlage des ursprünglichen Kapitals als auch der aufgelaufenen Zinsen aus vorherigen Perioden berechnet werden.
- **Risiko und Rendite**: Das Verhältnis zwischen dem Risiko einer Investition und ihrer potenziellen Rendite. Ein höheres Risiko ist normalerweise mit einer höheren potenziellen Rendite verbunden und umgekehrt.
- **Vermögensallokation**: Der Prozess der Aufteilung Ihres Anlageportfolios auf verschiedene Anlagekategorien wie Aktien, Anleihen und Immobilien, um Risiken zu verwalten und Erträge zu maximieren.

Der Einfluss finanzieller Bildung auf Investitionsentscheidungen

Finanzielle Bildung wirkt sich direkt auf Ihre Fähigkeit aus, fundierte und effektive Anlageentscheidungen zu treffen. Und so funktioniert es:

1. **Marktdynamik verstehen**:
- **Markttrends und Indikatoren**: Finanziell versierte Anleger können Markttrends und Wirtschaftsindikatoren wie BIP-Wachstum, Arbeitslosenquoten und Inflation interpretieren, die die Aktienkurse beeinflussen.
- **Aktienbewertung**: Mit Finanzkompetenz können Anleger die Jahresabschlüsse von Unternehmen analysieren, wichtige Finanzkennzahlen verstehen und fundierte Entscheidungen darüber treffen, welche Aktien sie kaufen oder verkaufen.

2. **Risikomanagement**:
- **Diversifikation**: Erfahrene Anleger wissen, wie wichtig die Diversifizierung ihrer Portfolios ist, um Risiken zu streuen und potenzielle Verluste zu reduzieren.

- **Absicherungsstrategien**: Fortgeschrittene Finanzkenntnisse ermöglichen es Anlegern, Absicherungsstrategien wie Optionen und Futures zu nutzen, um sich gegen Marktvolatilität zu schützen.

3. **Verhaltensorientierte Finanzwissenschaft**:
- **Psychologische Voreingenommenheit**: Finanzkompetenz hilft Anlegern, psychologische Voreingenommenheit wie Selbstüberschätzung, Herdenverhalten und Verlustaversion zu erkennen und zu mildern, die sich negativ auf Anlageentscheidungen auswirken können.
- **Emotionale Kontrolle**: Informierte Anleger sind besser in der Lage, emotionale Disziplin aufrechtzuerhalten und bei Marktschwankungen an ihren Anlagestrategien festzuhalten.

Beispiele für Finanzkompetenz aus der Praxis

Um die Bedeutung der Finanzkompetenz zu verdeutlichen, schauen wir uns einige Beispiele aus der Praxis an:

1. **Warren Buffett**:
- **Finanzielle Disziplin**: Warren Buffett, einer der erfolgreichsten Investoren aller Zeiten, führt seinen Erfolg auf seine Finanzkompetenz zurück. Er betont, wie wichtig es ist, Jahresabschlüsse zu verstehen und in Unternehmen zu investieren, die er versteht.
- **Langfristige Perspektive**: Buffetts Strategie des Value Investing – unterbewertete Unternehmen kaufen und langfristig halten – zeigt, wie wichtig Finanzkompetenz für die Identifizierung und Nutzung von Investitionsmöglichkeiten ist.

2. **Susan, eine Privatinvestorin**:
- **Schuldenmanagement**: Susan, eine Lehrerin aus Denver, schaffte es, 30.000 Dollar Studienkredite innerhalb von fünf Jahren abzubezahlen, indem sie ihr Finanzwissen anwandte. Sie erstellte einen Haushaltsplan,

strich unnötige Ausgaben und erhöhte ihre Sparquote.

- **Investitionserfolg**: Mit dem Geld, das sie durch die Tilgung ihrer Schulden gespart hatte, begann Susan, in ein diversifiziertes Portfolio aus Indexfonds zu investieren. Ihre Finanzkompetenz ermöglichte es ihr, kostengünstige Fonds auszuwählen und die Vorteile des Durchschnittskosteneffekts zu verstehen.

Schritte zur Verbesserung der Finanzkompetenz

Die Verbesserung Ihrer Finanzkompetenz ist ein lebenslanger Prozess. Hier sind einige praktische Schritte zur Verbesserung Ihres Finanzwissens:

1. **Lehrmaterial**:
- **Bücher und Publikationen**: Das Lesen von Büchern über persönliche Finanzen und Investitionen kann eine solide Grundlage bieten. Bemerkenswerte Titel sind „The Intelligent

Investor" von Benjamin Graham und „Rich Dad Poor Dad" von Robert Kiyosaki.
- **Online-Kurse und Tutorials**: Websites wie Coursera, Khan Academy und Investopedia bieten kostenlose und kostenpflichtige Kurse zu verschiedenen Finanzthemen an.
- **Finanznachrichten und -zeitschriften**: Indem Sie sich über aktuelle Finanznachrichten aus Publikationen wie dem Wall Street Journal, der Financial Times und Bloomberg informieren, können Sie die Marktdynamik und Trends besser verstehen.

2. **Professionelle Beratung**:
- **Finanzberater**: Die Beratung durch einen zertifizierten Finanzplaner (CFP) oder einen registrierten Anlageberater (RIA) kann Ihnen eine individuelle Beratung bieten und Ihnen bei der Bewältigung komplexer Finanzentscheidungen helfen.
- **Workshops und Seminare**: Die Teilnahme an Finanzworkshops und Seminaren kann praktische Lernerfahrungen und Networking-

Möglichkeiten mit Finanzexperten und anderen Anlegern bieten.

3. **Praktische Anwendung**:
- **Budgetieren und Sparen**: Durch das Erstellen und Verwalten eines Budgets können Sie Ihre Einnahmen und Ausgaben im Auge behalten, Einsparbereiche identifizieren und Mittel für Investitionen zuweisen.
- **Investieren**: Beginnen Sie mit einem kleinen Betrag und erhöhen Sie Ihre Investitionen schrittweise, wenn Sie sicherer und erfahrener werden. Die Verwendung simulierter Handelsplattformen kann Ihnen auch dabei helfen, zu üben, ohne echtes Geld zu riskieren.

4. **Kontinuierliches Lernen**:
- **Regelmäßige Überprüfung**: Überprüfen Sie regelmäßig Ihren Finanzplan und Ihr Anlageportfolio, um sicherzustellen, dass sie Ihren Zielen und Marktbedingungen entsprechen.
- **Bleiben Sie neugierig**: Versuchen Sie immer, mehr über neue Finanzinstrumente,

Anlagestrategien und Marktentwicklungen zu erfahren.

Finanzielle Bildung in verschiedenen Lebensabschnitten

Der Bedarf an Finanzkompetenz entwickelt sich in verschiedenen Lebensphasen. Wenn Sie diese Veränderungen verstehen, können Sie Ihre Finanzbildung und -planung darauf abstimmen.

1. **Frühes Erwachsenenalter (20er bis 30er)**:
- **Schuldenmanagement**: Viele Personen in dieser Phase haben Studienkredite und Kreditkartenschulden. Es ist entscheidend, zu lernen, mit Schulden umzugehen und sie abzubezahlen.
- **Aufbau eines Notfallfonds**: Die Einrichtung eines Notfallfonds zur Deckung unerwarteter Ausgaben kann finanzielle Rückschläge verhindern.
- **Mit dem Investieren beginnen**: Wenn Sie früh mit dem Investieren beginnen, auch mit

kleinen Beträgen, haben die Zinseszinsen mehr Zeit, ihre Magie zu entfalten.

2. **Mittlere Lebensjahre (40er bis 50er)**:
- **Karrierewachstum und Einkommensverwaltung**: Da das Einkommen in dieser Phase normalerweise steigt, werden eine effektive Budgetierung und Ersparnis wichtiger.
- **Ruhestandsplanung**: Wenn der Ruhestand näher rückt, ist es wichtig, die Beiträge zu Rentenkonten zu maximieren und den zukünftigen Einkommensbedarf zu planen.
- **Sparen für das College**: Für diejenigen mit Kindern wird das Sparen für die College-Ausbildung zur Priorität.

3. **Vor der Pensionierung (60er)**:
- **Altersvorsorge maximieren**: Nachträgliche Einzahlungen auf Altersvorsorgekonten vornehmen und sicherstellen, dass die Investitionen mit den Altersvorsorgezielen übereinstimmen.

- **Nachlassplanung**: Erstellen eines Testaments, Einrichten von Trusts und Planen der Vermögensübertragung an die Erben.
- **Gesundheitsplanung**: Gesundheitskosten und Versicherungsoptionen, einschließlich Medicare, verstehen.

4. **Ruhestand**:
- **Verwaltung des Ruhestandseinkommens**: Sicherstellung eines stetigen Einkommensstroms aus Investitionen, Sozialversicherung und Renten.
- **Vermögensschutz**: Konzentrieren Sie sich auf die Erhaltung des Vermögens und die Verwaltung von Abhebungen, um zu vermeiden, dass Sie Ihre Ersparnisse überleben.
- **Nachlassplanung**: Finalisierung der Nachlassplanung und Prüfung wohltätiger Spenden.

Die Rolle der Finanzbildung in Schulen und Gemeinden

Die finanzielle Bildung sollte früh beginnen und in Schullehrpläne und Gemeinschaftsprogramme integriert werden. So kann sie effektiv umgesetzt werden:

1. **Schulprogramme**:
- **Integration in den Lehrplan**: Die Einbeziehung von Finanzkompetenz in den Mathematik-, Sozialkunde- und Wirtschaftsunterricht hilft den Schülern, Anwendungen in der realen Welt zu verstehen.
- **Praktische Übungen**: Simulierte Börsenspiele, Budgetierungsprojekte und Sparherausforderungen können Finanzkonzepte spannend und nachvollziehbar machen.

2. **Gemeinschaftsinitiativen**:
- **Workshops und Seminare**: Angebot kostenloser oder kostengünstiger Workshops zur finanziellen Allgemeinbildung durch Gemeindezentren, Bibliotheken und gemeinnützige Organisationen.
- **Partnerschaften mit Finanzinstituten**: Banken und Kreditgenossenschaften können mit

Schulen und Gemeindegruppen zusammenarbeiten, um Ressourcen und Experten als Referenten bereitzustellen.
- **Online-Ressourcen**: Erstellen zugänglicher Online-Plattformen mit Lehrmaterialien, interaktiven Tools und Finanzrechnern.

Finanzielle Bildung und soziale Auswirkungen

Die Verbesserung der Finanzkompetenz kann erhebliche positive Auswirkungen auf die Gesellschaft als Ganzes haben.

1. **Verringerung der Ungleichheit**:
- **Zugang zu Wissen**: Die Bereitstellung von Finanzbildung für unterversorgte Gemeinden trägt dazu bei, die Lücke im Finanzwissen und bei den Finanzchancen zu schließen.
- **Wirtschaftliche Ermächtigung**: Finanzielle Bildung ermöglicht es Einzelpersonen, fundierte Entscheidungen zu treffen, ihre wirtschaftliche

Situation zu verbessern und finanzielle Unabhängigkeit zu erreichen.

2. **Förderung der wirtschaftlichen Stabilität**:
- **Informierte Entscheidungsfindung**: Finanziell gebildete Personen sind besser in der Lage, ihre Finanzen zu verwalten, wodurch die Wahrscheinlichkeit finanzieller Krisen verringert wird.
- **Verbrauchervertrauen**: Informierte Verbraucher tragen zu einer stabilen Wirtschaft bei, indem sie fundierte finanzielle Entscheidungen treffen, beispielsweise durch verantwortungsvolles Kreditaufnehmen und Investieren.

3. **Verbesserung des allgemeinen Wohlbefindens**:
- **Psychische Gesundheit**: Finanzieller Stress trägt wesentlich zu psychischen Gesundheitsproblemen bei. Finanzielle Bildung kann Stress lindern, indem sie Einzelpersonen die Werkzeuge zur effektiven Verwaltung ihrer Finanzen bietet.

- **Lebensqualität**: Finanziell gebildete Personen können ihre Zukunft besser planen, ihre finanziellen Ziele erreichen und eine höhere Lebensqualität genießen.

Herausforderungen und Hindernisse für die Finanzkompetenz

Trotz der Bedeutung des Finanzwesens ist es für viele Menschen eine Herausforderung, sich Finanzkompetenz anzueignen.

Mangelnder Zugang zu Bildung

Vielen Menschen, insbesondere in unterversorgten Gemeinden, fehlt der Zugang zu qualitativ hochwertiger Finanzbildung. Dies kann mehrere Gründe haben:

1. **Wirtschaftliche Barrieren**: Begrenzte finanzielle Mittel können den Zugriff auf Lehrmaterialien oder die Teilnahme an Workshops und Seminaren erschweren.

2. **Geografische Barrieren**: Menschen, die in abgelegenen oder ländlichen Gebieten leben, haben möglicherweise keinen Zugang zu Bildungseinrichtungen oder Gemeinschaftsprogrammen, die Schulungen zur Finanzkompetenz anbieten.
3. **Institutionelle Barrieren**: Den Schulen fehlen möglicherweise die Ressourcen oder ausgebildeten Lehrkräfte, um eine umfassende Finanzbildung zu vermitteln.

Kulturelle und psychologische Barrieren

Auch kulturelle und psychologische Faktoren können die Finanzkompetenz beeinträchtigen:

1. **Kulturelle Einstellungen**: Unterschiedliche Kulturen haben unterschiedliche Einstellungen zu Geld, Sparen und Investieren, was sich auf das Finanzverhalten und die Finanzkompetenz auswirken kann. In manchen Kulturen ist es beispielsweise tabu, über Geld zu sprechen, was

offene Gespräche über die Finanzplanung verhindern kann.

2. **Psychologische Faktoren**: Angst vor Finanzen, mangelndes Selbstvertrauen und finanzielle Ängste können Menschen davon abhalten, sich mit Finanzbildung zu befassen oder sich mit Finanzplanung zu beschäftigen.

Die Rolle der Technologie bei der Förderung der Finanzkompetenz

Die Technologie bietet innovative Lösungen, um Hindernisse auf dem Weg zur Finanzkompetenz zu überwinden:

1. **Online-Lernplattformen**: Websites wie Khan Academy, Coursera und Udemy bieten zugängliche und oft kostenlose Kurse zur Finanzbildung an.
2. **Mobile Apps**: Finanzmanagement-Apps wie Mint, YNAB (You Need A Budget) und Acorns helfen Benutzern, ihr Geld zu verwalten, Ausgaben zu verfolgen und Kleingeld anzulegen.

3. **Virtuelle Workshops und Webinare**: Organisationen können virtuelle Workshops und Webinare zur finanziellen Allgemeinbildung veranstalten und so die Weiterbildung ortsunabhängig zugänglich machen.

Fallstudien: Erfolg durch Finanzkompetenz

Fallstudien aus der Praxis veranschaulichen die transformative Kraft der Finanzkompetenz:

1. **Der Erfolg von Junior Achievement**:
- **Programmübersicht**: Junior Achievement (JA) ist eine gemeinnützige Organisation, die Schülern vom Kindergarten bis zur High School Finanzbildungsprogramme anbietet. Der Schwerpunkt liegt auf Arbeitsvorbereitung, Unternehmertum und Finanzkompetenz.
- **Auswirkungen**: JA hat weltweit über 10 Millionen Studenten erreicht und ihnen geholfen, grundlegende Finanzkompetenzen und Selbstvertrauen zu entwickeln. Studien haben gezeigt, dass JA-Studenten eher eine höhere

Ausbildung anstreben und höhere Karriereziele haben.

2. **Finanzielle Bildung in Aktion: Die Geschichte von Brandon Copeland**:
- **Persönlicher Hintergrund**: Brandon Copeland, ein NFL-Spieler und Verfechter der Finanzkompetenz, erkannte schon früh in seiner Karriere die Bedeutung der Finanzbildung.
- **Initiativen**: Copeland unterrichtet an der University of Pennsylvania einen Kurs zur finanziellen Allgemeinbildung mit dem Titel „Life 101", in dem er den Studierenden praktische Finanztipps gibt.
- **Auswirkungen**: Seine Bemühungen haben das Bewusstsein für die Bedeutung der Finanzkompetenz bei jungen Erwachsenen und Sportlern geschärft und ihnen ermöglicht, fundierte finanzielle Entscheidungen zu treffen.

Finanzielle Bildung für bestimmte Gruppen

Programme zur finanziellen Allgemeinbildung können auf die individuellen Bedürfnisse bestimmter Gruppen zugeschnitten werden:

1. **Jugendliche und Studenten**:
- **Frühe Bildung**: Die Vermittlung grundlegender Finanzkonzepte in der Grundschule und Oberschule kann eine solide Grundlage legen. Programme wie Schulbanking-Initiativen und Börsensimulationen können das Lernen spannend gestalten.
- **College-Studenten**: College-Studenten stehen oft vor wichtigen finanziellen Entscheidungen, wie zum Beispiel der Aufnahme eines Studienkredits. Finanzielle Allgemeinbildungsprogramme können ihnen helfen, Schuldenmanagement, Budgetierung und die Bedeutung des frühzeitigen Sparens und Investierens zu verstehen.

2. **Frauen**:
- **Beseitigung geschlechtsspezifischer Unterschiede**: Frauen stehen häufig vor besonderen finanziellen Herausforderungen, wie

dem geschlechtsspezifischen Lohngefälle und Karriereunterbrechungen aufgrund von Pflegeaufgaben. Finanzbildungsprogramme können Frauen Wissen über Gehaltsverhandlungen, Anlagestrategien und Altersvorsorge vermitteln.
- **Unterstützungsnetzwerke**: Organisationen wie das Women's Institute for Financial Education (WIFE) und Ellevest bieten Ressourcen und Unterstützungsnetzwerke, die auf die finanziellen Bedürfnisse von Frauen zugeschnitten sind.

3. **Senioren und Rentner**:
- **Ruhestandsplanung**: Programme zur finanziellen Allgemeinbildung für Senioren können sich auf die Maximierung der Altersvorsorge, das Verständnis der Sozialversicherungsleistungen und die Verwaltung der Gesundheitskosten konzentrieren.
- **Betrugsprävention**: Die Aufklärung älterer Menschen über gängige Finanzbetrügereien und -schwindel kann zum Schutz ihres Vermögens

und zur Gewährleistung ihrer finanziellen Sicherheit beitragen.

4. **Familien mit geringem Einkommen**:
- **Zugang zu Ressourcen**: Programme zur finanziellen Allgemeinbildung können einkommensschwachen Familien die Werkzeuge und Kenntnisse vermitteln, um begrenzte Ressourcen effektiv zu verwalten, auf Finanzdienstleistungen zuzugreifen und für Notfälle vorzusorgen.
- **Regierungs- und Non-Profit-Initiativen**: Programme wie der Earned Income Tax Credit (EITC) und gemeindebasierte Initiativen zur Finanzbildung können einkommensschwachen Familien dabei helfen, ihre finanzielle Gesundheit zu verbessern.

Messung der Auswirkungen von Programmen zur finanziellen Allgemeinbildung

Die Bewertung der Wirksamkeit von Programmen zur finanziellen Allgemeinbildung ist für die kontinuierliche Verbesserung und den Nachweis ihres Werts von entscheidender Bedeutung:

1. **Beurteilung vor und nach dem Programm**: Durch Beurteilungen vor und nach dem Programm können Veränderungen im Wissen und Verhalten der Teilnehmer gemessen werden.
2. **Verhaltensänderungen**: Die Verfolgung langfristiger Änderungen im Finanzverhalten, wie z. B. höhere Sparquoten, geringere Schulden und verbesserte Kreditwürdigkeit, kann Aufschluss über die Wirkung des Programms geben.
3. **Teilnehmerfeedback**: Das Sammeln von Teilnehmerfeedback kann Einblicke in die Stärken des Programms und in Verbesserungsbereiche geben.

Finanzielle Bildung ist eine wichtige Fähigkeit, die es Menschen ermöglicht, fundierte Finanzentscheidungen zu treffen, ihre finanziellen Ziele zu erreichen und langfristigen

Wohlstand aufzubauen. Sie umfasst ein breites Spektrum an Wissen, von der grundlegenden Budgetierung und dem Sparen bis hin zu fortgeschrittenen Anlagestrategien und Altersvorsorgeplanung.

Die Verbesserung der Finanzkompetenz erfordert kontinuierliches Lernen, praktische Anwendung und die Nutzung verfügbarer Ressourcen. Darüber hinaus müssen kulturelle, psychologische und institutionelle Barrieren überwunden werden, um sicherzustellen, dass jeder Zugang zu Finanzbildung hat.

Durch die Investition in Finanzkompetenz können Einzelpersonen ihr finanzielles Wohlergehen verbessern, zur wirtschaftlichen Stabilität beitragen und eine höhere Lebensqualität genießen. Ob durch formale Bildung, Gemeinschaftsprogramme oder selbstgesteuertes Lernen – der Weg zur Finanzkompetenz ist eine lohnende Investition in Ihre Zukunft.

Während wir unsere Untersuchung zum Erfolg an der Börse fortsetzen, werden wir uns im nächsten Kapitel mit den verschiedenen verfügbaren Anlagearten und dem Aufbau eines diversifizierten Portfolios befassen. Dieses Wissen wird Sie besser in die Lage versetzen, strategische Entscheidungen zu treffen und Ihre langfristigen Ziele beim Vermögensaufbau zu erreichen.

Kapitel 3: Finanzielle Ziele und Anlagestrategien festlegen

Das Setzen finanzieller Ziele ist ein grundlegender Schritt auf dem Weg zum langfristigen Vermögensaufbau. Klar definierte Ziele geben Richtung und Zweck vor und ermöglichen Ihnen die Entwicklung maßgeschneiderter Anlagestrategien, die Ihren Zielen entsprechen. In diesem Kapitel werden wir den Prozess des Setzens finanzieller Ziele untersuchen, verschiedene Anlagestrategien verstehen und einen umfassenden Plan erstellen, der Sie zum finanziellen Erfolg führt.

Die Bedeutung der Festlegung finanzieller Ziele

Finanzielle Ziele dienen als Leitfaden für Ihre finanzielle Reise. Sie helfen Ihnen, konzentriert, motiviert und diszipliniert zu bleiben. Aus diesem Grund ist das Setzen finanzieller Ziele so wichtig:

1. **Klarheit und Richtung**: Ziele bieten eine klare Vision dessen, was Sie erreichen möchten, und helfen Ihnen, Ihre finanziellen Entscheidungen zu priorisieren.
2. **Motivation**: Konkrete Ziele können Sie motivieren, konsequent zu sparen und zu investieren.
3. **Messung und Rechenschaftspflicht**: Definierte Ziele ermöglichen es Ihnen, Ihren Fortschritt zu messen und sich selbst Rechenschaft abzulegen.
4. **Finanzplanung**: Ziele sind die Grundlage eines Finanzplans und leiten Ihre Entscheidungen in Bezug auf Sparen, Ausgaben und Investitionen.

Arten von finanziellen Zielen

Finanzielle Ziele können anhand ihres Zeithorizonts und Zwecks kategorisiert werden:

1. **Kurzfristige Ziele**:
   - **Zeithorizont**: Weniger als ein Jahr.
   - **Beispiele**: Einen Notgroschen anlegen, für den Urlaub sparen, kleine Schulden abbezahlen.
   - **Strategie**: Konzentrieren Sie sich auf Liquidität und Sicherheit, indem Sie Sparkonten, Geldmarktfonds oder kurzfristige Einlagenzertifikate (CDs) verwenden.

2. **Mittelfristige Ziele**:
   - **Zeithorizont**: Ein bis fünf Jahre.
   - **Beispiele**: Sparen für die Anzahlung für ein Haus, die Finanzierung einer Hochzeit, den Kauf eines Autos.
   - **Strategie**: Balance zwischen Wachstum und Sicherheit durch einen Mix aus Anleihen, Anleihenfonds und konservativen Aktienanlagen.

3. **Langfristige Ziele**:
   - **Zeithorizont**: Mehr als fünf Jahre.

- **Beispiele**: Ruhestandsplanung, Finanzierung der Ausbildung der Kinder, Vermögensaufbau.
- **Strategie**: Konzentrieren Sie sich auf Wachstum mithilfe eines diversifizierten Portfolios aus Aktien, Investmentfonds, ETFs und Immobilien.

Setzen von SMART-Finanzzielen

Durch die Verwendung der SMART-Kriterien wird sichergestellt, dass Ihre Ziele spezifisch, messbar, erreichbar, relevant und zeitgebunden sind:

1. **Spezifisch**: Definieren Sie klar, was Sie erreichen möchten. Anstatt beispielsweise zu sagen „Ich möchte Geld sparen", sagen Sie konkret „Ich möchte 10.000 $ für die Anzahlung für ein Haus sparen."
2. **Messbar**: Legen Sie Kriterien fest, um Ihren Fortschritt zu verfolgen. Zum Beispiel: „Ich werde jeden Monat 500 $ sparen."

3. **Erreichbar**: Setzen Sie sich realistische Ziele, die Ihrer finanziellen Situation entsprechen. Berücksichtigen Sie dabei Ihr Einkommen, Ihre Ausgaben und Ihre bestehenden Verpflichtungen.
4. **Relevant**: Stellen Sie sicher, dass Ihre Ziele mit Ihren umfassenderen finanziellen Zielen und Lebenswünschen übereinstimmen.
5. **Zeitgebunden**: Setzen Sie eine Frist für das Erreichen Ihres Ziels. Beispiel: „Ich werde innerhalb von zwei Jahren 10.000 Dollar sparen."

Erstellen eines Finanzplans

Ein Finanzplan ist ein umfassendes Dokument, das Ihre finanziellen Ziele und die Strategien zu deren Erreichung darlegt. So erstellen Sie einen effektiven Finanzplan:

1. **Bewerten Sie Ihre aktuelle finanzielle Situation**:
- **Vermögensaufstellung**: Berechnen Sie Ihr Nettovermögen, indem Sie Ihre

Verbindlichkeiten von Ihrem Vermögen abziehen. Dies gibt Ihnen einen Überblick über Ihre finanzielle Gesundheit.
- **Cashflow-Statement**: Verfolgen Sie Ihre Einnahmen und Ausgaben, um Ihr Ausgabeverhalten zu verstehen und Bereiche zu identifizieren, die verbessert werden können.

2. **Definieren Sie Ihre finanziellen Ziele**:
– Listen Sie Ihre kurzfristigen, mittelfristigen und langfristigen Ziele auf.
- Verwenden Sie die SMART-Kriterien, um Ihre Ziele zu verfeinern.

3. **Erstellen Sie ein Budget**:
- Erstellen Sie einen Haushaltsplan, der Ihr Einkommen für notwendige Ausgaben, Ersparnisse und Investitionen aufteilt.
- Überwachen und passen Sie Ihr Budget regelmäßig an, um den Überblick zu behalten.

4. **Richten Sie einen Notfallfonds ein**:

- Versuchen Sie, mindestens drei bis sechs Monatsausgaben für den Lebensunterhalt auf einem leicht zugänglichen Konto anzusparen.

5. **Hochverzinsliche Schulden abbezahlen**:
- Priorisieren Sie die Rückzahlung von Schulden mit hohen Zinsen, wie etwa Kreditkartensalden, um den finanziellen Stress zu verringern und Mittel zum Sparen und Investieren freizugeben.

6. **Investieren Sie in die Zukunft**:
– Entwickeln Sie eine Anlagestrategie, die Ihren Zielen, Ihrer Risikobereitschaft und Ihrem Zeithorizont entspricht.
- Diversifizieren Sie Ihre Investitionen, um Risiken zu verwalten und Erträge zu optimieren.

7. **Überprüfen und passen Sie Ihren Plan an**:
- Überprüfen Sie Ihren Finanzplan regelmäßig, um sicherzustellen, dass er weiterhin Ihren Zielen entspricht, und passen Sie ihn bei Bedarf an Änderungen Ihrer finanziellen Situation oder der Marktbedingungen an.

Anlagestrategien verstehen

Anlagestrategien sind die Methoden, mit denen Sie Ihr Vermögen verteilen und Ihr Portfolio verwalten, um Ihre finanziellen Ziele zu erreichen. Hier sind einige gängige Anlagestrategien:

1. **Kaufen und Halten**:
- **Beschreibung**: Langfristige Strategie, bei der Sie Wertpapiere kaufen und diese über einen längeren Zeitraum halten, unabhängig von Marktschwankungen.
- **Vorteile**: Niedrigere Transaktionskosten, Potenzial für langfristige Kapitalgewinne und weniger Stress durch Market Timing.
- **Beispiel**: Warren Buffetts Ansatz, in fundamental starke Unternehmen zu investieren und diese über Jahrzehnte zu halten.

2. **Value Investing**:
- **Beschreibung**: Identifizieren unterbewerteter Aktien, die unter ihrem inneren

Wert gehandelt werden, und Halten dieser, bis ihr Marktpreis ihren wahren Wert widerspiegelt.
- **Vorteile**: Potenzial für hohe Renditen, disziplinierter Anlageansatz.
- **Beispiel**: Benjamin Graham, der Vater des Value Investing, und sein berühmter Schützling Warren Buffett.

3. **Wachstumsinvestitionen**:
- **Beschreibung**: Investieren Sie in Unternehmen mit starkem Wachstumspotenzial, auch wenn ihre Aktien nach traditionellen Maßstäben überbewertet erscheinen.
- **Vorteile**: Potenzial für hohe Renditen durch Kapitalzuwachs.
- **Beispiel**: Investition in Technologieunternehmen wie Apple, Amazon und Google, die im Laufe der Jahre ein erhebliches Wachstum gezeigt haben.

4. **Einkommensinvestitionen**:
- **Beschreibung**: Konzentration auf Investitionen, die regelmäßiges Einkommen

generieren, wie dividendenzahlende Aktien, Anleihen und Immobilien.
- **Vorteile**: Stetiger Einkommensstrom, geringere Abhängigkeit von Kapitalgewinnen.
- **Beispiel**: Rentner nutzen häufig Einkommensinvestitionen, um während des Ruhestands eine zuverlässige Einkommensquelle zu schaffen.

5. **Durchschnittskosteneffekt**:
- **Beschreibung**: Investition eines festen Geldbetrags in regelmäßigen Abständen, unabhängig von den Marktbedingungen.
- **Vorteile**: Reduziert die Auswirkungen der Marktvolatilität, disziplinierter Anlageansatz.
- **Beispiel**: Jeden Monat einen festen Betrag auf ein Rentenkonto einzahlen.

6. **Index-Investieren**:
- **Beschreibung**: Investieren in Indexfonds oder ETFs, die die Performance eines bestimmten Marktindex wie beispielsweise des S&P 500 nachbilden.

- **Vorteile**: Diversifikation, niedrigere Gebühren, konstante Performance im Verhältnis zum Markt.
- **Beispiel**: John Bogle, Gründer von Vanguard, verfocht Indexinvestitionen als kostengünstige und effektive Möglichkeit, Marktrenditen zu erzielen.

7. **Aktiver Handel**:
- **Beschreibung**: Häufiger Kauf und Verkauf von Wertpapieren, um von kurzfristigen Marktbewegungen zu profitieren.
- **Vorteile**: Potenzial für schnelle Gewinne, Fähigkeit, auf Marktveränderungen zu reagieren.
- **Beispiel**: Daytrader und Swingtrader, die sich auf technische Analysen und Markttrends verlassen.

Ausrichtung der Anlagestrategien an den finanziellen Zielen

Ihre Anlagestrategie sollte mit Ihren finanziellen Zielen, Ihrer Risikobereitschaft und Ihrem

Anlagehorizont übereinstimmen. So passen Sie Strategien an unterschiedliche Ziele an:

1. **Kurzfristige Ziele**:
- **Strategie**: Konzentrieren Sie sich auf Sicherheit und Liquidität. Nutzen Sie risikoarme Anlagen wie hochverzinsliche Sparkonten, Geldmarktfonds und kurzfristige Anleihen.
- **Beispiel**: Wenn Sie innerhalb eines Jahres ein Auto kaufen möchten, sorgt die Aufbewahrung Ihrer Mittel auf einem hochverzinslichen Sparkonto dafür, dass Ihr Geld sicher und zugänglich ist.

2. **Mittelfristige Ziele**:
- **Strategie**: Gleichgewicht zwischen Wachstum und Sicherheit. Verwenden Sie einen Mix aus Anleihen, Anleihenfonds und konservativen Aktieninvestitionen.
- **Beispiel**: Für eine Anzahlung für ein Haus in fünf Jahren ziehen Sie ein ausgewogenes Portfolio mit einem moderaten Risikoniveau in Betracht.

3. **Langfristige Ziele**:
- **Strategie**: Konzentrieren Sie sich auf Wachstum. Nutzen Sie ein diversifiziertes Portfolio aus Aktien, Investmentfonds, ETFs und Immobilien, um die Rendite im Laufe der Zeit zu maximieren.
- **Beispiel**: Investieren Sie zur Altersvorsorge in einen diversifizierten Mix aus Aktien und Anleihen, angepasst an Ihre Risikobereitschaft und Ihr Alter.

Diversifikation: Der Schlüssel zum Risikomanagement

Diversifikation ist ein grundlegendes Prinzip des Investierens, bei dem Sie Ihre Investitionen auf verschiedene Anlageklassen verteilen, um das Risiko zu steuern. So können Sie Ihr Portfolio effektiv diversifizieren:

1. **Anlageklassen**:
- **Aktien**: Bieten Wachstumspotenzial durch Kapitalzuwachs und Dividenden. Umfasst eine

Mischung aus Large-Cap-, Mid-Cap- und Small-Cap-Aktien sowie internationalen Aktien.
- **Anleihen**: Bieten Stabilität und Einkommen durch Zinszahlungen. Dazu gehören Staatsanleihen, Unternehmensanleihen und Kommunalanleihen.
- **Immobilien**: Bietet Einkommen durch Mietzahlungen und Potenzial für eine Wertsteigerung.
- **Rohstoffe**: Nehmen Sie Gold, Silber, Öl und Agrarprodukte in Ihre Anlagen auf, um sich gegen die Inflation abzusichern und Ihr Portfolio zu diversifizieren.

2. **Sektordiversifizierung**:
- Investieren Sie in unterschiedliche Sektoren wie Technologie, Gesundheitswesen, Finanzen, Konsumgüter und Energie, um die Auswirkungen sektorspezifischer Risiken zu verringern.

3. **Geografische Diversifizierung**:
- Investieren Sie in internationale Märkte, um das Risiko auf verschiedene Wirtschaftsregionen

zu streuen und von globalen Wachstumschancen zu profitieren.

4. **Anlagevehikel**:
- Nutzen Sie einen Mix aus Einzelaktien, Investmentfonds, ETFs und Indexfonds, um eine breite Diversifizierung zu erreichen.

Überwachung und Neugewichtung Ihres Portfolios

Um die gewünschte Vermögensaufteilung beizubehalten und Ihre finanziellen Ziele zu erreichen, ist die regelmäßige Überwachung und Neugewichtung Ihres Portfolios von entscheidender Bedeutung:

1. **Überwachung**:
- **Häufigkeit**: Überprüfen Sie Ihr Portfolio mindestens vierteljährlich, um sicherzustellen, dass es Ihren Zielen und Ihrer Risikotoleranz entspricht.
- **Leistungsüberprüfung**: Vergleichen Sie die Performance Ihres Portfolios mit relevanten

Benchmarks, um seine Wirksamkeit zu bewerten.
- **Marktbedingungen**: Bleiben Sie über Wirtschaftstrends, Zinssätze und Marktbedingungen informiert, die sich auf Ihre Investitionen auswirken könnten.

2. **Neugewichtung**:
- **Zweck**: Beim Rebalancing wird Ihr Portfolio angepasst, um die gewünschte Vermögensaufteilung beizubehalten. Dadurch wird sichergestellt, dass Ihr Portfolio mit Ihrer Risikobereitschaft und Ihren Anlagezielen übereinstimmt.
- **Prozess**: Wenn bestimmte Anlageklassen andere übertreffen, können sie ihre Zielallokation überschreiten. Um das Gleichgewicht wiederherzustellen, verkaufen Sie einen Teil der überdurchschnittlich performenden Anlagen und investieren Sie den Erlös in unterdurchschnittlich performende Anlagen.
- **Häufigkeit**: Erwägen Sie eine jährliche Neugewichtung oder wenn Ihre

Vermögensaufteilung erheblich (z. B. mehr als 5–10 %) von Ihrem Ziel abweicht.

Fallstudien: Erfolgreiche finanzielle Zielsetzung und Anlagestrategien

1. **Fallstudie: Sarahs Ruhestandsplanung**:
- **Hintergrund**: Sarah, eine 35-jährige Marketingfachfrau aus New York City, möchte mit 65 Jahren mit einem komfortablen Notgroschen in den Ruhestand gehen.
- **Finanzielle Ziele**:
- Sparen Sie in 30 Jahren 1 Million US-Dollar für den Ruhestand.
- Kauf eines Ferienhauses innerhalb von 10 Jahren.
- **Anlagestrategie**:
- **Ruhestand**: Sarah verfolgt eine wachstumsorientierte Anlagestrategie und investiert 70 % ihres Portfolios in Aktien (einschließlich inländischer und internationaler Wertpapiere) und 30 % in Anleihen. Sie zahlt regelmäßig in ihren 401(k)- und IRA-Plan ein und nutzt dabei den Durchschnittskosteneffekt.

- **Ferienhaus**: Für ihr mittelfristiges Ziel schafft Sarah ein Gleichgewicht zwischen Wachstum und Sicherheit, indem sie in einen Mix aus Anleihen und konservativen Aktienfonds investiert.
- **Ergebnis**: Indem sie klare Ziele setzt, ein diversifiziertes Portfolio pflegt und ihre Fortschritte regelmäßig überprüft, ist Sarah auf dem besten Weg, ihre Ziele für den Ruhestand und ihr Ferienhaus zu erreichen.

2. **Fallstudie: Johns College-Fonds für seine Kinder**:
- **Hintergrund**: John, ein 40-jähriger Ingenieur aus San Francisco, möchte für die College-Ausbildung seiner Kinder sparen. Er hat zwei Kinder im Alter von 8 und 5 Jahren.
- **Finanzielle Ziele**:
- Sparen Sie 100.000 US-Dollar für die Collegeausbildung jedes Kindes in 10 bzw. 13 Jahren.
- **Anlagestrategie**:
- **College Fund**: John eröffnet 529 College-Sparpläne für seine Kinder und investiert in

altersgerechte Portfolios, die die Vermögensaufteilung automatisch anpassen, wenn die Kinder das College-Alter erreichen. Anfangs sind die Portfolios aktienlastig und werden dann, wenn die Kinder kurz vor dem College stehen, zu Anleihen und Bargeldäquivalenten verlagert.
- **Ergebnis**: Indem er die Steuervorteile von 529-Plänen nutzt und eine altersbasierte Anlagestrategie anwendet, baut John effektiv einen College-Fonds für seine Kinder auf.

3. **Fallstudie: Marias Strategie zum Vermögensaufbau**:
- **Hintergrund**: Maria, eine 30-jährige Unternehmerin aus Miami, möchte durch Investitionen ein beträchtliches Vermögen aufbauen.
- **Finanzielle Ziele**:
- Erreichen Sie bis zum Alter von 50 Jahren ein Nettovermögen von 2 Millionen Dollar.
- **Anlagestrategie**:
- **Vermögensaufbau**: Maria verfolgt einen diversifizierten Anlageansatz, der

Wachstumsaktien, Immobilieninvestitionen und einen kleinen Anteil an Kryptowährungen kombiniert. Sie investiert regelmäßig einen Teil ihrer Geschäftsgewinne in ihr Portfolio.
- **Risikomanagement**: Maria überprüft ihr Portfolio regelmäßig und gleicht es neu aus, um Risiken zu verwalten und Erträge zu optimieren.
- **Ergebnis**: Indem sie ein klares langfristiges Ziel für den Vermögensaufbau setzt und eine diversifizierte Anlagestrategie umsetzt, ist Maria auf dem Weg, ihre finanziellen Ziele zu erreichen.

Fortgeschrittene Anlagestrategien

Für Anleger mit höherer Risikobereitschaft oder mehr Erfahrung können fortgeschrittene Anlagestrategien die Rendite steigern und das Risiko effektiver steuern:

1. **Optionshandel**:
- **Beschreibung**: Kaufen und Verkaufen von Optionskontrakten, um auf Preisbewegungen zu

spekulieren oder sich gegen potenzielle Verluste abzusichern.

- **Strategie**: Verwenden Sie gedeckte Calls, um Einkommen zu generieren, oder schützende Puts, um das Abwärtsrisiko zu mindern.
- **Beispiel**: Ein Investor, der eine bedeutende Position in einer Aktie hält, könnte gedeckte Calls verkaufen, um zusätzliches Einkommen zu generieren und gleichzeitig die Aktienposition beizubehalten.

2. **Hebelwirkung**:
- **Beschreibung**: Verwendung von geliehenen Mitteln zur Erhöhung der potenziellen Kapitalrendite.
- **Strategie**: Beim Margin-Trading können Anleger Geld leihen, um mehr Wertpapiere zu kaufen, als sie mit ihrem eigenen Kapital könnten.
- **Risiken**: Die Hebelwirkung verstärkt sowohl Gewinne als auch Verluste und erfordert ein sorgfältiges Risikomanagement.

3. **Hedgefonds und Private Equity**:

- **Beschreibung**: Investitionen in Hedgefonds und Private Equity können durch alternative Anlagestrategien hohe Renditen bieten.
- **Strategie**: Diversifizieren Sie in Hedgefonds, die Strategien wie Long/Short Equity, Market Neutral oder Global Macro verwenden. Erwägen Sie Private Equity für das Engagement in privaten Unternehmen und das potenzielle hohe Wachstum.
- **Beispiel**: Akkreditierte Anleger könnten einen Teil ihres Portfolios zur Diversifizierung und für potenziell höhere Renditen in Hedgefonds oder Private Equity investieren.

4. **Real Estate Investment Trusts (REITs)**:
- **Beschreibung**: Durch Investitionen in REITs erhalten Sie Zugang zu den Immobilienmärkten, ohne dass Sie Immobilien direkt kaufen und verwalten müssen.
- **Strategie**: Wählen Sie REITs, die Ihren Anlagezielen entsprechen, beispielsweise Wohn-, Gewerbe- oder spezialisierte REITs.

- **Beispiel**: Anleger auf der Suche nach Erträgen könnten in ertragsstarke kommerzielle REITs investieren, während wachstumsorientierte Anleger REITs wählen könnten, die sich auf technologieorientierte Immobilien wie Rechenzentren konzentrieren.

Behavioral Finance: Die Psychologie der Anleger verstehen

Die Verhaltensökonomie untersucht, wie psychologische Faktoren Anlageentscheidungen beeinflussen. Das Verständnis dieser Faktoren kann Ihnen helfen, rationalere und fundiertere Entscheidungen zu treffen:

1. **Häufige Verhaltensverzerrungen**:
- **Selbstüberschätzung**: Wenn Sie Ihr Wissen und Ihre Fähigkeit, Marktbewegungen vorherzusagen, überschätzen, kann dies zu einer übermäßigen Risikobereitschaft führen.
- **Herdenmentalität**: Der Masse zu folgen kann dazu führen, dass man teuer kauft und

billig verkauft, anstatt Entscheidungen auf der Grundlage unabhängiger Analysen zu treffen.
- **Verlustaversion**: Die Angst vor Verlusten führt oft dazu, dass verlustbringende Investitionen zu lange gehalten und Gewinner zu schnell verkauft werden.

2. **Strategien zur Minderung von Verhaltensverzerrungen**:
- **Weiterbildung**: Informieren Sie sich kontinuierlich über Investitionen, um Vertrauen aufzubauen und fundierte Entscheidungen zu treffen.
- **Disziplin**: Entwickeln Sie einen gut durchdachten Anlageplan und halten Sie sich daran, um emotionale Entscheidungen zu vermeiden.
- **Diversifikation**: Verteilen Sie Ihre Investitionen auf verschiedene Anlageklassen, um die Auswirkungen einzelner Anlageverluste zu verringern.
- **Professionelle Beratung**: Ziehen Sie in Erwägung, sich von Finanzberatern beraten zu

lassen oder Robo-Advisors für eine objektive Beratung zu nutzen.

Das Setzen finanzieller Ziele und die Entwicklung maßgeschneiderter Anlagestrategien sind wesentliche Schritte zum Erreichen langfristigen Wohlstands. Indem Sie klare, SMART-Ziele definieren, einen umfassenden Finanzplan erstellen und die richtigen Anlagestrategien wählen, können Sie die Komplexität des Aktienmarkts mit Zuversicht meistern.

Durch regelmäßiges Überwachen und Neubalancieren Ihres Portfolios, das Verstehen fortgeschrittener Anlagestrategien und das Bewusstsein für Verhaltenstendenzen verbessern Sie Ihre Fähigkeit, fundierte Entscheidungen zu treffen und auf Kurs zu bleiben, um Ihre finanziellen Ziele zu erreichen.

Kapitel 4: Risikomanagement und Diversifikation

Im Bereich der Aktienmarktinvestitionen sind Risikomanagement und Diversifizierung entscheidend für den Aufbau langfristigen Wohlstands. Das Verständnis dieser Konzepte und ihre effektive Umsetzung können Ihren finanziellen Erfolg erheblich beeinflussen. In diesem Kapitel werden die Grundsätze des Risikomanagements, die verschiedenen Arten von Anlagerisiken und die Strategien zur Diversifizierung erläutert, mit denen diese Risiken gemindert werden können.

Das Anlagerisiko verstehen

Risiken sind ein fester Bestandteil von Investitionen. Sie beziehen sich auf die Möglichkeit, dass die tatsächliche Rendite einer Investition von der erwarteten Rendite abweicht. Der Schlüssel zu erfolgreichen Investitionen liegt nicht darin, Risiken völlig zu vermeiden, sondern sie zu verstehen und effektiv zu managen.

Arten von Anlagerisiken

1. **Marktrisiko**:
- **Definition**: Das Risiko, dass der Wert von Anlagen aufgrund veränderter Marktbedingungen schwankt.
- **Beispiel**: Während der Finanzkrise 2008 kam es in verschiedenen Sektoren zu einem erheblichen Rückgang der Aktienkurse.

2. **Kreditrisiko**:

- **Definition**: Das Risiko, dass ein Kreditnehmer seinen Zahlungsverpflichtungen nicht nachkommt.
- **Beispiel**: Während des Enron-Skandals erlitten die Anleihegläubiger erhebliche Verluste, als das Unternehmen seinen Zahlungsverpflichtungen nicht nachkam.

3. **Liquiditätsrisiko**:
- **Definition**: Das Risiko, dass ein Anleger eine Anlage nicht schnell kaufen oder verkaufen kann, ohne dass der Preis dadurch beeinflusst wird.
- **Beispiel**: Bei Immobilieninvestitionen besteht aufgrund der benötigten Zeit zum Verkauf einer Immobilie häufig ein Liquiditätsrisiko.

4. **Zinsrisiko**:
- **Definition**: Das Risiko, dass Zinsänderungen den Wert von Anlagen, insbesondere Anleihen, beeinflussen.
- **Beispiel**: Wenn die Zinsen steigen, fallen normalerweise die Anleihekurse.

5. **Inflationsrisiko**:
   - **Definition**: Das Risiko, dass die Kaufkraft der Erträge durch die Inflation beeinträchtigt wird.
   - **Beispiel**: Wenn die Inflation jährlich um 3 % steigt, führt eine Anleihe mit einer Rendite von 2 % zu einer negativen Realrendite.

6. **Währungsrisiko**:
   - **Definition**: Das Risiko, dass Währungsschwankungen den Wert von Anlagen in Fremdwährungen beeinflussen.
   - **Beispiel**: Die Rendite eines US-Investors, der europäische Aktien hält, kann durch Änderungen des EUR/USD-Wechselkurses beeinträchtigt werden.

7. **Politische und regulatorische Risiken**:
   - **Definition**: Das Risiko, dass Änderungen der Regierungspolitik oder der Vorschriften den Wert von Investitionen beeinflussen.
   - **Beispiel**: Neue Vorschriften in der Technologiebranche können sich auf die

Aktienkurse von Technologieunternehmen auswirken.

Grundsätze des Risikomanagements

Effektives Risikomanagement umfasst die Identifizierung, Bewertung und Minderung von Risiken, um sicherzustellen, dass Ihre Investitionen Ihren finanziellen Zielen und Ihrer Risikobereitschaft entsprechen. Hier sind einige wichtige Grundsätze, die Ihnen dabei helfen:

1. **Risikotoleranz**:
- **Definition**: Der Grad an Variabilität der Anlagerendite, den ein Anleger bereit ist, in Kauf zu nehmen.
- **Beurteilung**: Führen Sie eine Beurteilung der Risikotoleranz durch und berücksichtigen Sie dabei Ihre finanzielle Situation, Ihre Anlageziele und Ihre psychologische Risikobereitschaft.
- **Beispiel**: Ein junger Anleger mit stabilem Einkommen und langfristigen Zielen verfügt möglicherweise über eine höhere Risikotoleranz

als ein Rentner, der auf seine Kapitalerträge angewiesen ist.

2. **Risikokapazität**:
- **Definition**: Die Fähigkeit, auf der Grundlage Ihrer finanziellen Situation und Ziele Risiken einzugehen.
- **Bewertung**: Bewerten Sie Ihre finanzielle Stabilität, Ihr Einkommen, Ihre Ausgaben, Ihren Zeithorizont und Ihre Anlageziele.
- **Beispiel**: Ein Anleger mit erheblichen Notgroschen und diversifizierten Einkommensströmen verfügt möglicherweise über eine höhere Risikofähigkeit.

3. **Risikovermeidung**:
- **Definition**: Die Entscheidung, keine Aktivitäten oder Investitionen durchzuführen, die ein erhebliches Risiko bergen.
- **Anwendung**: Vermeiden Sie spekulative Investitionen, die nicht mit Ihrer Risikobereitschaft und Ihren finanziellen Zielen übereinstimmen.

- **Beispiel**: Vermeidung von Penny Stocks mit hohem Risiko oder hoch gehebelten Positionen.

4. **Risikominderung**:
- **Definition**: Implementierung von Strategien zur Reduzierung der Auswirkungen von Risiken auf Ihr Portfolio.
- **Strategien**: Diversifikation, Absicherung und Verwendung von Stop-Loss-Orders.
- **Beispiel**: Diversifizierung Ihres Portfolios über verschiedene Anlageklassen und Sektoren.

5. **Risikoübertragung**:
- **Definition**: Übertragung von Risiken auf eine andere Partei, häufig durch Versicherungen oder Derivate.
- **Anwendung**: Nutzen Sie Optionen oder Versicherungen zum Schutz vor großen Verlusten.
- **Beispiel**: Kauf von Put-Optionen zur Absicherung gegen einen möglichen Kursrückgang einer Aktie.

6. **Risikorückbehaltung**:
- **Definition**: Ein gewisses Maß an Risiko akzeptieren, wenn der potenzielle Nutzen die Risiken überwiegt.
- **Anwendung**: Verstehen und akzeptieren Sie die mit bestimmten Investitionen verbundenen Risiken als Teil Ihrer Strategie.
- **Beispiel**: Halten einer volatilen, aber wachstumsstarken Aktie als Teil eines diversifizierten Portfolios.

Diversifikation: Der Schlüssel zum Risikomanagement

Diversifikation ist eine Risikomanagementstrategie, bei der Sie Ihre Investitionen auf verschiedene Vermögenswerte verteilen, um die Belastung durch einzelne Vermögenswerte oder Risiken zu reduzieren. Ziel ist die Schaffung eines ausgewogenen Portfolios, das Marktschwankungen standhält und stabilere Renditen bietet.

Vorteile der Diversifikation

1. **Risikominderung**:
   - Diversifikation hilft, die Auswirkungen einer schlechten Performance einzelner Investitionen abzumildern. Wenn ein Vermögenswert unterdurchschnittlich abschneidet, können andere im Portfolio den Verlust ausgleichen.

2. **Reibungslosere Rückgaben**:
   - Ein diversifiziertes Portfolio weist im Laufe der Zeit tendenziell stabilere Erträge auf, da sich die Performance verschiedener Investitionen ausgleicht.

3. **Ausgeprägte Möglichkeiten**:
   - Durch Diversifizierung können Sie Wachstumschancen in verschiedenen Sektoren, Branchen und geografischen Regionen nutzen.

4. **Schutz vor Marktvolatilität**:
   - Durch das Halten einer Vielfalt an Vermögenswerten sind Sie besser vor Marktvolatilität und Konjunkturabschwüngen geschützt.

Strategien zur effektiven Diversifikation

1. **Diversifizierung der Anlageklassen**:
- **Aktien**: Umfassen eine Mischung aus inländischen und internationalen Aktien, Large-Cap-, Mid-Cap- und Small-Cap-Aktien.
- **Anleihen**: Halten Sie verschiedene Anleihen, etwa Staats-, Unternehmens- und Kommunalanleihen mit unterschiedlichen Laufzeiten und Kreditqualitäten.
- **Immobilien**: Investieren Sie in Sachwerte oder Real Estate Investment Trusts (REITs).
- **Rohstoffe**: Fügen Sie Rohstoffe wie Gold, Silber, Öl und Agrarprodukte hinzu, um sich gegen Inflation abzusichern.
- **Bargeld und Barmitteläquivalente**: Halten Sie einen Teil Ihres Portfolios in Bargeld oder Barmitteläquivalenten wie Geldmarktfonds, um die Liquidität zu gewährleisten.

2. **Sektordiversifizierung**:
- Investieren Sie in verschiedene Sektoren wie Technologie, Gesundheitswesen, Finanzen,

Konsumgüter und Energie, um sektorspezifische Risiken zu reduzieren.
- **Beispiel**: Wenn der Technologiesektor einen Abschwung erlebt, können Investitionen im Gesundheitswesen oder in Konsumgüter für Stabilität sorgen.

3. **Geografische Diversifizierung**:
- Verteilen Sie Ihre Investitionen auf verschiedene geografische Regionen, darunter inländische, entwickelte internationale Märkte und Schwellenmärkte.
- **Beispiel**: Durch die Investition in US-amerikanische und europäische Aktien können die Auswirkungen eines Konjunkturabschwungs in einer Region verringert werden.

4. **Diversifizierung der Anlageinstrumente**:
- Verwenden Sie einen Mix aus Einzelaktien, Investmentfonds, börsengehandelten Fonds (ETFs) und Indexfonds, um eine breite Diversifizierung zu erreichen.
- **Beispiel**: ETFs ermöglichen den Zugang zu ganzen Sektoren oder Märkten und

ermöglichen so eine Diversifizierung mit einer einzigen Investition.

5. **Zeitdiversifikation**:
- Verteilen Sie Ihre Investitionen über einen längeren Zeitraum, um die Auswirkungen von Market-Timing und Volatilität zu reduzieren.
- **Dollar-Cost-Averaging**: Investieren Sie regelmäßig einen festen Betrag, unabhängig von den Marktbedingungen, um den Kaufpreis im Laufe der Zeit zu mitteln.
- **Beispiel**: Monatliche Einzahlungen in ein Rentenkonto, um von Marktschwankungen zu profitieren und die Auswirkungen kurzfristiger Volatilität zu reduzieren.

Diversifizierung umsetzen: Praktische Schritte

1. **Bewerten Sie Ihr aktuelles Portfolio**:
- Überprüfen Sie Ihre bestehenden Investitionen, um eine etwaige Überkonzentration in bestimmten Vermögenswerten, Sektoren oder Regionen zu erkennen.

- **Beispiel**: Wenn Sie eine hohe Konzentration auf Technologieaktien haben, sollten Sie zusätzliche Investitionen in anderen Sektoren in Betracht ziehen.

2. **Bestimmen Sie Ihre Vermögensaufteilung**:
   – Bestimmen Sie basierend auf Ihrer Risikobereitschaft, Ihren finanziellen Zielen und Ihrem Zeithorizont den geeigneten Mix aus Anlageklassen für Ihr Portfolio.
- **Beispiel**: Ein jüngerer Anleger mit einer höheren Risikotoleranz könnte 70 % in Aktien, 20 % in Anleihen und 10 % in Immobilien investieren.

3. **Wählen Sie diversifizierte Investitionen**:
- Wählen Sie Investitionen aus, die Ihnen Zugang zu verschiedenen Vermögenswerten, Sektoren und Regionen bieten.
- **Beispiel**: Wählen Sie Investmentfonds oder ETFs, die breite Marktindizes wie den S&P 500, den MSCI World Index oder bestimmte Sektor-ETFs abbilden.

4. **Überwachen und balancieren Sie Ihr Portfolio neu**:
- Überprüfen Sie Ihr Portfolio regelmäßig, um sicherzustellen, dass es weiterhin diversifiziert ist und mit Ihrer Anlageallokationsstrategie übereinstimmt.
- Balancieren Sie aus, indem Sie überdurchschnittlich performende Vermögenswerte verkaufen und unterdurchschnittlich performende Vermögenswerte kaufen, um Ihre Zielallokation beizubehalten.
- **Beispiel**: Wenn Ihre Aktienallokation aufgrund von Marktgewinnen ihr Ziel überschreitet, verkaufen Sie einige Aktien und investieren Sie in Anleihen oder andere untergewichtete Vermögenswerte.

5. **Holen Sie sich professionellen Rat**:
- Ziehen Sie die Konsultation eines Finanzberaters in Erwägung, der Ihnen bei der Entwicklung und Umsetzung einer auf Ihre

Bedürfnisse zugeschnittenen diversifizierten Anlagestrategie hilft.
- **Beispiel**: Ein Finanzberater kann Ihnen personalisierte Empfehlungen geben und Sie bei komplexen Anlageentscheidungen unterstützen.

Fallstudien: Diversifizierung in Aktion

1. **Fallstudie: Emilys Rentenportfolio**:
- **Hintergrund**: Emily, eine 45-jährige Lehrerin aus Chicago, möchte für ihren Ruhestand ein diversifiziertes Portfolio aufbauen.
- **Anlagestrategie**:
- **Aktien**: 60 % Allokation mit einem Mix aus US-amerikanischen Large-Cap-, Mid-Cap- und Small-Cap-Aktien sowie internationalen Aktien.
- **Anleihen**: 30 % Anteil, darunter US-Staatsanleihen, Unternehmensanleihen und Kommunalanleihen.
- **Immobilien**: 5 % Allokation in REITs für Einkommen und Diversifizierung.

- **Rohstoffe**: 5 % Allokation in Gold-ETFs zur Absicherung gegen Inflation.
- **Diversifizierungsprozess**:
- Emily überprüft ihr Portfolio jährlich und gleicht es neu aus, um ihre Zielallokation beizubehalten. Sie nutzt den Durchschnittskosteneffekt, um regelmäßig in ihre Altersvorsorgekonten zu investieren.
- **Ergebnis**: Im Laufe der Zeit sorgt Emilys diversifiziertes Portfolio für stabiles Wachstum und reduziert die Auswirkungen der Marktvolatilität, sodass sie auf Kurs bleibt und ihre Ruhestandsziele erreicht.

2. **Fallstudie: Toms College-Fonds für seine Kinder**:
- **Hintergrund**: Tom, ein 50-jähriger Ingenieur aus San Francisco, möchte für die College-Ausbildung seiner Kinder sparen.
- **Anlagestrategie**:
- **529-Pläne**: Tom eröffnet 529-College-Sparpläne für seine beiden Kinder und investiert in altersgerechte Portfolios, die die

Vermögensaufteilung anpassen, wenn die Kinder das College-Alter erreichen.
- **Aktien**: Die 529-Pläne haben zunächst eine höhere Aktienzuteilung, um das Wachstumspotenzial zu maximieren.
- **Anleihen und Bargeld**: Da seine Kinder das College-Alter erreichen, verlagern sich die Pläne auf konservativere Investitionen wie Anleihen und Bargeldäquivalente.
- **Diversifizierungsprozess**:
- Tom zahlt regelmäßig in die 529-Pläne ein und überprüft jährlich die Vermögensaufteilung, um sicherzustellen, dass sie seinen Anlagezielen und seinem Zeitplan entspricht.
- **Ergebnis**: Indem Tom die Vorteile diversifizierter, altersgerechter Anlagestrategien nutzt, baut er einen soliden College-Fonds für seine Kinder auf und reduziert so die Auswirkungen der Marktvolatilität.

3. **Fallstudie: Marks Strategie zum Vermögensaufbau**:
- **Hintergrund**: Mark, ein 30-jähriger Unternehmer aus Miami, möchte durch

Investitionen ein beträchtliches Vermögen aufbauen.
- **Anlagestrategie**:
- **Aktien**: 50 % Allokation mit Schwerpunkt auf Wachstumsaktien in verschiedenen Sektoren, darunter Technologie, Gesundheitswesen und Konsumgüter.
- **Anleihen**: 20 % Anteil an einem Mix aus Unternehmensanleihen und Staatsanleihen zur Stabilität.
- **Immobilien**: 20 % Allokation in Mietobjekte und REITs für Einkommen und Diversifizierung.
- **Alternative Anlagen**: 10 % Allokation in Rohstoffe und Kryptowährungen für potenziell hohe Renditen.
- **Diversifizierungsprozess**:
- Mark überprüft sein Portfolio vierteljährlich und gleicht es bei Bedarf aus, um seine Zielallokation beizubehalten. Er bleibt auch über Markttrends informiert und passt seine Investitionen entsprechend an.
- **Ergebnis**: Durch Diversifizierung über mehrere Anlageklassen und regelmäßige

Überwachung seiner Investitionen mindert Mark das Risiko und maximiert sein Vermögensaufbaupotenzial.

Fortgeschrittene Diversifikationstechniken

Erfahrenen Anlegern, die ihre Diversifikationsstrategien weiter verbessern möchten, können fortschrittliche Techniken zusätzliche Ebenen des Risikomanagements und der Wachstumschancen bieten:

1. **Faktor-Investing**:
- **Beschreibung**: Investieren auf der Grundlage spezifischer Faktoren wie Wert, Wachstum, Dynamik, Größe und Qualität, die nachweislich die Rendite steigern.
- **Strategie**: Investieren Sie einen Teil Ihres Portfolios in faktorbasierte ETFs oder Investmentfonds.
- **Beispiel**: Ein Anleger könnte einen wertorientierten ETF wählen, um von unterbewerteten Aktien zu profitieren, oder

einen momentumorientierten ETF, um in Aktien mit starker aktueller Performance zu investieren.

2. **Sektorrotation**:
- **Beschreibung**: Passen Sie die Sektorallokation Ihres Portfolios basierend auf Konjunkturzyklen und Marktbedingungen an.
- **Strategie**: Verlagerung der Investitionen in Sektoren, von denen im gegenwärtigen wirtschaftlichen Umfeld eine gute Entwicklung zu erwarten ist.
- **Beispiel**: Während einer wirtschaftlichen Expansion könnte ein Investor sein Engagement in zyklischen Sektoren wie Technologie und Konsumgütern erhöhen. Während einer Rezession könnte er in defensive Sektoren wie das Gesundheitswesen und die Versorgungswirtschaft investieren.

3. **Geopolitische Diversifizierung**:
- **Beschreibung**: Diversifizierung von Investitionen über Regionen mit unterschiedlichen geopolitischen Risiken und wirtschaftlichen Bedingungen.

- **Strategie**: Investieren Sie in einen Mix aus entwickelten und aufstrebenden Märkten, um Wachstumspotenzial und Stabilität auszugleichen.
- **Beispiel**: Ein Anleger könnte aus Stabilitätsgründen US-amerikanische und europäische Aktien halten und wegen der Wachstumschancen sein Engagement in Schwellenmärkten wie Indien und Brasilien ausbauen.

4. **Alternative Vermögenswerte**:
- **Beschreibung**: Einbeziehung nicht-traditioneller Vermögenswerte in Ihr Portfolio, wie etwa Hedgefonds, Private Equity, Rohstoffe und reale Vermögenswerte wie Infrastruktur und Ackerland.
- **Strategie**: Ordnen Sie einen kleinen Teil Ihres Portfolios alternativen Vermögenswerten zu, um die Diversifizierung und potenzielle Rendite zu verbessern.
- **Beispiel**: Investition in einen Hedgefonds, der eine marktneutrale Strategie verfolgt, oder Kauf von Anteilen an einem Private-Equity-

Fonds, der sich auf junge Unternehmen konzentriert.

5. **Absicherungsstrategien**:
- **Beschreibung**: Verwendung von Finanzinstrumenten wie Optionen, Futures und inversen ETFs zum Schutz vor Abwärtsrisiken.
- **Strategie**: Implementieren Sie Absicherungsstrategien, um potenzielle Verluste in Ihrem Portfolio auszugleichen.
- **Beispiel**: Ein Investor, der eine bedeutende Position in einer bestimmten Aktie hält, könnte Put-Optionen kaufen, um sich gegen einen möglichen Rückgang des Aktienkurses abzusichern.

Die Rolle der Technologie im Risikomanagement und bei der Diversifizierung

Die Technologie hat die Art und Weise revolutioniert, wie Anleger Risiken managen und ihre Portfolios diversifizieren. Der Einsatz moderner Tools und Plattformen kann Ihre Anlagestrategie verbessern:

1. **Robo-Advisor**:
- **Beschreibung**: Automatisierte Anlageplattformen, die Algorithmen verwenden, um diversifizierte Portfolios basierend auf Ihrer Risikobereitschaft und Ihren Zielen zu erstellen und zu verwalten.
- **Vorteile**: Kostengünstig, effizient und für Anleger aller Ebenen zugänglich.
- **Beispiel**: Robo-Advisors wie Betterment und Wealthfront bieten diversifizierte Portfolios mit automatischer Neugewichtung und Ausgleich von Steuerverlusten.

2. **Portfolioverwaltungssoftware**:
- **Beschreibung**: Tools, die umfassende Portfolioanalyse, Leistungsverfolgung und Risikobewertung bieten.
- **Vorteile**: Verbesserte Transparenz und Kontrolle über Ihre Investitionen.
- **Beispiel**: Software wie Personal Capital und Morningstar Direct bieten erweiterte

Funktionen und Einblicke zur Portfolioverwaltung.

3. **Datenanalyse und KI**:
- **Beschreibung**: Verwenden von Big Data und künstlicher Intelligenz, um Markttrends zu analysieren, Investitionsmöglichkeiten zu erkennen und Risiken zu verwalten.
- **Vorteile**: Informierte Entscheidungsfindung und die Fähigkeit, Muster und Möglichkeiten zu erkennen, die bei herkömmlichen Analysen möglicherweise nicht sichtbar sind.
- **Beispiel**: KI-gesteuerte Plattformen wie Kensho und AlphaSense bieten erweiterte Markteinblicke und Analysen.

4. **Mobile Investment-Apps**:
- **Beschreibung**: Apps, mit denen Sie Ihre Investitionen unterwegs überwachen und verwalten können.
- **Vorteile**: Komfort und Echtzeitzugriff auf Ihr Portfolio.

- **Beispiel**: Investment-Apps wie Robinhood und Acorns bieten benutzerfreundliche Oberflächen und einfachen Zugang zu diversifizierten Anlageoptionen.

Verhaltensbezogene Aspekte des Risikomanagements und der Diversifikation

Das Verständnis der psychologischen Faktoren, die Anlageentscheidungen beeinflussen, kann Ihnen dabei helfen, Risiken effektiver zu managen und ein diversifiziertes Portfolio aufrechtzuerhalten:

1. **Verhaltensverzerrungen**:
- **Selbstüberschätzung**: Eine Überschätzung Ihrer Fähigkeit, Marktbewegungen vorherzusagen, kann zu übermäßiger Risikobereitschaft und unzureichender Diversifizierung führen.
- **Verlustaversion**: Die Angst vor Verlusten kann dazu führen, dass Sie an Verlustinvestitionen festhalten oder Risiken gänzlich vermeiden, wodurch Sie

Diversifizierungs- und Wachstumschancen verpassen.
- **Herdenmentalität**: Der Masse zu folgen kann zu einer Überkonzentration bei beliebten Investitionen und unzureichender Diversifizierung führen.

2. **Strategien zur Minderung von Verhaltensverzerrungen**:
- **Weiterbildung**: Informieren Sie sich kontinuierlich über Anlageprinzipien und Verhaltensökonomie, um fundiertere Entscheidungen treffen zu können.
- **Disziplin**: Entwickeln Sie einen klar definierten Investitionsplan und halten Sie sich daran, um emotionale Entscheidungen zu vermeiden.
- **Professionelle Beratung**: Lassen Sie sich von Finanzberatern beraten, die Ihnen objektive Einblicke geben und Ihnen helfen, sich auf Ihre langfristigen Ziele zu konzentrieren.

Risikomanagement und Diversifizierung sind grundlegende Säulen erfolgreicher Investitionen an der Börse. Indem Sie die verschiedenen Arten von Anlagerisiken verstehen, Ihre Risikobereitschaft und -kapazität einschätzen und wirksame Diversifizierungsstrategien implementieren, können Sie ein robustes Portfolio aufbauen, das Ihren finanziellen Zielen entspricht.

Regelmäßiges Monitoring, Neugewichten und der Einsatz moderner Anlagetechniken können Ihre Fähigkeit, Risiken zu managen und Wachstumschancen zu nutzen, weiter verbessern. Der Einsatz von Technologie und das Bewusstsein für Verhaltenstendenzen werden ebenfalls zu Ihrem Anlageerfolg beitragen.

Kapitel 5: Aktienanalyse: Fundamentalanalyse

Die Fundamentalanalyse ist ein Eckpfeiler der Aktienmarktinvestition. Dabei werden die finanzielle Gesundheit und der innere Wert eines Unternehmens bewertet, um fundierte Anlageentscheidungen treffen zu können. In diesem Kapitel werden die wesentlichen Aspekte der Fundamentalanalyse untersucht, darunter die Analyse von Bilanzen, wichtige Finanzkennzahlen und qualitative Faktoren. Wenn Sie diese Techniken beherrschen, können Sie unterbewertete Aktien identifizieren und ein Portfolio aufbauen, das den langfristigen Vermögensaufbau unterstützt.

Einführung in die Fundamentalanalyse

Die Fundamentalanalyse zielt darauf ab, den inneren Wert einer Aktie zu bestimmen, also den wahren Wert eines Unternehmens auf Grundlage seiner finanziellen Leistung, seiner Branchenposition und seiner Wachstumsaussichten. Dieser Ansatz steht im Gegensatz zur technischen Analyse, die sich auf historische Preisbewegungen und Handelsvolumina konzentriert.

Schlüsselkomponenten der Fundamentalanalyse

1. **Analyse der Bilanz**
- **Bilanz**
- **Gewinn- und Verlustrechnung**
- **Geldflussrechnung**

2. **Finanzkennzahlen**
- **Rentabilitätskennzahlen**
- **Liquiditätskennzahlen**
- **Hebelverhältnisse**
- **Effizienzkennzahlen**

3. **Qualitative Faktoren**
- **Managementqualität**
- **Branchenposition**
- **Wirtschaftlicher Burggraben**
- **Wachstumspotential**

Bilanzanalyse

Bilanz

Die Bilanz bietet eine Momentaufnahme der finanziellen Lage eines Unternehmens zu einem bestimmten Zeitpunkt. Sie umfasst drei Hauptkomponenten:

1. **Vermögenswerte**: Ressourcen im Eigentum des Unternehmens.
- **Umlaufvermögen**: Barmittel, Forderungen, Lagerbestände.
- **Anlagevermögen**: Sachanlagen, Anlagen, Ausrüstung, immaterielle Vermögenswerte.

2. **Verbindlichkeiten**: Verpflichtungen des Unternehmens gegenüber anderen.

- **Kurzfristige Verbindlichkeiten**: Verbindlichkeiten aus Lieferungen und Leistungen, kurzfristige Schulden.
- **Langfristige Verbindlichkeiten**: Langfristige Schulden, latente Steuerverbindlichkeiten.

3. **Eigenkapital**: Der Restanteil am Vermögen des Unternehmens nach Abzug der Verbindlichkeiten.
- **Bestandteile**: Stammaktien, Bilanzgewinn, Kapitalrücklagen.

Bei der Analyse der Bilanz werden die Liquidität, Zahlungsfähigkeit und die allgemeine finanzielle Gesundheit des Unternehmens beurteilt. Zu den wichtigsten Kennzahlen gehören die Liquiditätskennzahl, die Liquiditätskennzahl und die Fremdkapitalquote.

Beispiel: Apples Bilanz (Stand: 30. September 2023)
- **Gesamtvermögen**: 365 Milliarden US-Dollar

- **Gesamtverbindlichkeiten**: 250 Milliarden US-Dollar
- **Gesamtkapital**: 115 Milliarden US-Dollar

Gewinn- und Verlustrechnung

Die Gewinn- und Verlustrechnung, auch Gewinn- und Verlustrechnung genannt, fasst die Einnahmen, Ausgaben und Gewinne eines Unternehmens über einen bestimmten Zeitraum zusammen. Zu den wichtigsten Komponenten gehören:

1. **Umsatz**: Der Gesamtbetrag, der durch Verkäufe eingenommen wird.
- **Komponenten**: Verkaufserlöse, Serviceerlöse.

2. **Ausgaben**: Die Kosten, die bei der Erzielung von Einnahmen entstehen.
- **Komponenten**: Kosten der verkauften Waren (COGS), Betriebskosten, Zinsaufwand, Steueraufwand.

3. **Nettoeinkommen**: Der Gewinn, nachdem alle Ausgaben vom Umsatz abgezogen wurden.
- **Formel**: Nettoeinkommen = Einnahmen - Ausgaben

Bei der Analyse der Gewinn- und Verlustrechnung geht es um die Bewertung der Rentabilität, des Umsatzwachstums und des Kostenmanagements des Unternehmens. Zu den wichtigsten Kennzahlen gehören die Bruttogewinnspanne, die Betriebsmarge und die Nettogewinnspanne.

Beispiel: Gewinn- und Verlustrechnung von Amazon (für das am 31. Dezember 2023 endende Geschäftsjahr)
- **Umsatz**: 500 Milliarden US-Dollar
- **Kosten der verkauften Waren**: 300 Milliarden US-Dollar
- **Betriebskosten**: 150 Milliarden US-Dollar
- **Nettoeinkommen**: 25 Milliarden US-Dollar

Geldflussrechnung

Die Kapitalflussrechnung gibt Aufschluss über die Mittelzuflüsse und -abflüsse aus operativen, Investitions- und Finanzierungstätigkeiten. Sie hilft bei der Beurteilung der Liquidität und der Cash-Management-Praktiken des Unternehmens. Zu den wichtigsten Komponenten gehören:

1. **Betriebstätigkeiten**: Aus dem Kerngeschäft generierter Cashflow.
- **Komponenten**: Jahresüberschuss, Abschreibungen, Veränderungen des Betriebskapitals.

2. **Investitionstätigkeiten**: Für Investitionen in Vermögenswerte verwendetes Bargeld.
- **Komponenten**: Investitionsausgaben, Akquisitionen, Verkäufe von Vermögenswerten.

3. **Finanzierungstätigkeiten**: Cashflows im Zusammenhang mit Kredit- und Eigenkapitalfinanzierung.

- **Komponenten**: Schuldverschreibungen, Schuldentilgung, Aktienausgabe, gezahlte Dividenden.

Bei der Analyse der Kapitalflussrechnung geht es darum, die Fähigkeit des Unternehmens zu beurteilen, Barmittel zu generieren, den Betrieb zu finanzieren und das Wachstum zu unterstützen. Zu den wichtigsten Kennzahlen gehören der operative Cashflow, der freie Cashflow und die Cashflow-Marge.

Beispiel: Cashflow-Statement von Microsoft (für das am 30. Juni 2023 endende Geschäftsjahr)
- **Operativer Cashflow**: 60 Milliarden US-Dollar
- **Investitions-Cashflow**: -20 Milliarden US-Dollar
- **Cashflow aus Finanzierungstätigkeit**: -15 Milliarden US-Dollar

Finanzielle Verhältnisse

Finanzkennzahlen geben Einblicke in die Leistung eines Unternehmens, indem sie verschiedene Aspekte seiner Finanzberichte vergleichen. Hier sind einige wichtige Kennzahlen, die in der Fundamentalanalyse verwendet werden:

Rentabilitätskennzahlen

1. **Bruttogewinnspanne**: Misst den Prozentsatz des Umsatzes, der die Kosten der verkauften Waren übersteigt.
- **Formel**: Bruttogewinnspanne = (Umsatz - COGS) / Umsatz
- **Beispiel**: Wenn ein Unternehmen einen Umsatz von 100 Millionen US-Dollar und Herstellungskosten von 60 Millionen US-Dollar hat, beträgt die Bruttogewinnspanne 40 %.

2. **Betriebsmarge**: Misst den Prozentsatz des Umsatzes, der nach Deckung der Betriebskosten übrig bleibt.
- **Formel**: Betriebsmarge = Betriebsergebnis / Umsatz

- **Beispiel**: Wenn ein Unternehmen ein Betriebseinkommen von 20 Millionen US-Dollar und einen Umsatz von 100 Millionen US-Dollar hat, beträgt die Betriebsmarge 20 %.

3. **Nettogewinnspanne**: Misst den Prozentsatz des Umsatzes, der als Nettoeinkommen übrig bleibt.
- **Formel**: Nettogewinnspanne = Nettoeinkommen / Umsatz
- **Beispiel**: Wenn ein Unternehmen einen Nettogewinn von 10 Millionen US-Dollar und einen Umsatz von 100 Millionen US-Dollar hat, beträgt die Nettogewinnspanne 10 %.

4. **Kapitalrendite (ROA)**: Misst, wie effizient ein Unternehmen sein Vermögen zur Erzielung von Gewinn einsetzt.
- **Formel**: ROA = Nettoeinkommen / Gesamtvermögen
- **Beispiel**: Wenn ein Unternehmen einen Nettogewinn von 10 Millionen US-Dollar und ein Gesamtvermögen von 200 Millionen US-Dollar hat, beträgt der ROA 5 %.

5. **Eigenkapitalrendite (ROE)**: Misst, wie effektiv ein Unternehmen das Eigenkapital zur Erzielung von Gewinn nutzt.
- **Formel**: ROE = Nettoeinkommen / Eigenkapital
- **Beispiel**: Wenn ein Unternehmen einen Nettogewinn von 10 Millionen US-Dollar und ein Eigenkapital von 50 Millionen US-Dollar hat, beträgt die Eigenkapitalrendite 20 %.

Liquiditätskennzahlen

1. **Aktueller Koeffizient**: Misst die Fähigkeit eines Unternehmens, kurzfristige Verpflichtungen mit seinem Umlaufvermögen zu erfüllen.
- **Formel**: Liquiditätsgrad = Umlaufvermögen / kurzfristige Verbindlichkeiten
- **Beispiel**: Wenn ein Unternehmen über Umlaufvermögen in Höhe von 100 Millionen US-Dollar und kurzfristige Verbindlichkeiten in

Höhe von 50 Millionen US-Dollar verfügt, beträgt die Liquidität 2,0.

2. **Quick Ratio**: Misst die Fähigkeit eines Unternehmens, kurzfristige Verpflichtungen mit seinen liquidesten Vermögenswerten zu erfüllen.
 - **Formel**: Quick Ratio = (Umlaufvermögen - Lagerbestände) / Kurzfristige Verbindlichkeiten
 - **Beispiel**: Wenn ein Unternehmen über Umlaufvermögen in Höhe von 80 Millionen US-Dollar, Lagerbestände in Höhe von 20 Millionen US-Dollar und kurzfristige Verbindlichkeiten in Höhe von 50 Millionen US-Dollar verfügt, beträgt die Liquidität 2. Grades 1,2.

Hebelverhältnisse

1. **Schulden-Eigenkapital-Verhältnis**: Misst das relative Verhältnis von Schulden und Eigenkapital, das zur Finanzierung der Vermögenswerte eines Unternehmens verwendet wird.

- **Formel**: Schuldenquote = Gesamtschulden / Eigenkapital
- **Beispiel**: Wenn ein Unternehmen Schulden in Höhe von 100 Millionen US-Dollar und Eigenkapital in Höhe von 50 Millionen US-Dollar hat, beträgt die Fremdkapitalquote 2,0.

2. **Zinsdeckungsgrad**: Misst die Fähigkeit eines Unternehmens, Zinszahlungen mit seinem Betriebseinkommen zu leisten.
- **Formel**: Zinsdeckungsgrad = Betriebsertrag / Zinsaufwand
- **Beispiel**: Wenn ein Unternehmen ein Betriebseinkommen von 20 Millionen US-Dollar und einen Zinsaufwand von 5 Millionen US-Dollar hat, beträgt die Zinsdeckungsquote 4,0.

Wirkungsgrad

1. **Umschlagshäufigkeit des Vermögens**: Misst, wie effizient ein Unternehmen sein Vermögen zur Erzielung von Umsatz nutzt.
- **Formel**: Kapitalumschlagshäufigkeit = Umsatz / Gesamtvermögen

- **Beispiel**: Wenn ein Unternehmen einen Umsatz von 100 Millionen US-Dollar und ein Gesamtvermögen von 50 Millionen US-Dollar hat, beträgt die Kapitalumschlagshäufigkeit 2,0.

2. **Lagerumschlagshäufigkeit**: Misst, wie effizient ein Unternehmen sein Lager verwaltet.
- **Formel**: Lagerumschlagshäufigkeit = COGS / Durchschnittlicher Lagerbestand
- **Beispiel**: Wenn ein Unternehmen über Herstellungskosten von 60 Millionen US-Dollar und einen durchschnittlichen Lagerbestand von 15 Millionen US-Dollar verfügt, beträgt die Lagerumschlagshäufigkeit 4,0.

3. **Umschlagshäufigkeit der Forderungen**: Misst, wie effizient ein Unternehmen seine Forderungen eintreibt.
- **Formel**: Umschlagshäufigkeit der Forderungen = Umsatz / Durchschnittliche Forderungen
- **Beispiel**: Wenn ein Unternehmen einen Umsatz von 100 Millionen US-Dollar und durchschnittliche Außenstände von 10 Millionen

US-Dollar hat, beträgt die Umschlagshäufigkeit der Außenstände 10,0.

Qualitative Faktoren

Managementqualität

Die Qualität des Managementteams eines Unternehmens ist ein entscheidender Faktor für seinen langfristigen Erfolg. Bei der Beurteilung des Managements werden dessen Erfolgsbilanz, strategische Vision und Fähigkeit zur effektiven Umsetzung von Plänen bewertet.

1. **Führung**: Eine starke Führung kann das Wachstum eines Unternehmens vorantreiben und Herausforderungen meistern.
- **Beispiel**: Warren Buffetts Führung bei Berkshire Hathaway war ausschlaggebend für den Erfolg des Unternehmens.

2. **Erfahrung und Erfolgsbilanz**: Ein Managementteam mit einer nachweisbaren

Erfolgsbilanz erzielt mit größerer Wahrscheinlichkeit positive Ergebnisse.
- **Beispiel**: Die Führung von Satya Nadella hat die Transformation und das Wachstum von Microsoft vorangetrieben.

3. **Corporate Governance**: Gute Corporate-Governance-Praktiken gewährleisten Transparenz, Verantwortlichkeit und Übereinstimmung mit den Interessen der Aktionäre.
Beispiel: Unternehmen mit starken Governance-Rahmenwerken wie Johnson & Johnson können das Vertrauen der Anleger eher aufrechterhalten und nachhaltiges Wachstum erzielen.

Branchenposition

Die Position eines Unternehmens innerhalb seiner Branche kann seine Leistung und sein Wachstumspotenzial erheblich beeinflussen. Die Analyse der Branchenposition umfasst das Verständnis von Marktanteilen,

Wettbewerbsvorteilen und dem allgemeinen Branchenumfeld.

1. **Marktanteil**: Unternehmen mit einem dominanten Marktanteil verfügen häufig über mehr Preismacht und Skaleneffekte.
- **Beispiel**: Apples großer Marktanteil in der Smartphone-Branche ermöglicht es dem Unternehmen, Premiumpreise durchzusetzen und hohe Gewinnspannen zu erzielen.

2. **Wettbewerbsvorteile**: Die Identifizierung der einzigartigen Stärken eines Unternehmens, wie Markenbekanntheit, Patente oder proprietäre Technologie, kann dessen Potenzial für nachhaltigen Erfolg hervorheben.
- **Beispiel**: Der hohe Bekanntheitsgrad der Marke Coca-Cola und das ausgedehnte Vertriebsnetz verschaffen dem Unternehmen einen Wettbewerbsvorteil in der Getränkebranche.

3. **Branchentrends und -dynamik**: Das Verständnis der umfassenderen Branchentrends,

wie beispielsweise technologischer Fortschritt, regulatorische Änderungen und Verbraucherpräferenzen, kann bei der Einschätzung der Wachstumsaussichten eines Unternehmens hilfreich sein.
- **Beispiel**: Teslas Fokus auf Elektrofahrzeuge entspricht dem wachsenden Trend zu nachhaltigem Transport und positioniert das Unternehmen für zukünftiges Wachstum.

Wirtschaftsgraben

Ein wirtschaftlicher Burggraben bezeichnet die Fähigkeit eines Unternehmens, einen Wettbewerbsvorteil gegenüber seinen Konkurrenten zu wahren und so seinen Marktanteil und seine Rentabilität zu schützen. Um das Vorhandensein eines wirtschaftlichen Burggrabens festzustellen, müssen verschiedene Faktoren analysiert werden, die zur langfristigen Wettbewerbsstärke beitragen.

1. **Kostenvorteil**: Unternehmen mit niedrigeren Produktionskosten können wettbewerbsfähige Preise anbieten und gleichzeitig ihre Rentabilität aufrechterhalten.
- **Beispiel**: Walmarts effiziente Lieferkette und Größe ermöglichen es dem Unternehmen, niedrige Preise anzubieten und so preisbewusste Verbraucher anzulocken.

2. **Netzwerkeffekte**: Unternehmen, die von Netzwerkeffekten profitieren, verzeichnen eine Wertsteigerung, da mehr Menschen ihre Produkte oder Dienstleistungen nutzen.
- **Beispiel**: Das Wachstum der Nutzerbasis von Facebook steigert den Wert der Plattform und zieht mehr Nutzer und Werbetreibende an.

3. **Immaterielle Vermögenswerte**: Marken, Patente und proprietäre Technologien können einen Wettbewerbsvorteil verschaffen.
- **Beispiel**: Die starke Marke und die innovativen Produkte von Nike schaffen Kundentreue und Nachfrage.

4. **Wechselkosten**: Hohe Wechselkosten halten Kunden davon ab, zur Konkurrenz zu wechseln, und sorgen so für die Kundenbindung.
- **Beispiel**: Die Suite kreativer Softwaretools von Adobe lässt sich nahtlos integrieren, sodass Benutzer nur schwer auf andere Plattformen umsteigen können.

5. **Effiziente Skalierung**: Unternehmen, die auf Märkten mit eingeschränktem Wettbewerb aufgrund natürlicher Monopole oder regulatorischer Barrieren tätig sind, können einen hohen Marktanteil aufrechterhalten.
- **Beispiel**: Versorgungsunternehmen profitieren oft von Skaleneffekten, da sie in ihren Versorgungsbereichen nur geringer Konkurrenz ausgesetzt sind.

Wachstumspotential

Um das Wachstumspotenzial eines Unternehmens zu bewerten, muss seine Fähigkeit beurteilt werden, Umsatz und Gewinn im Laufe der Zeit zu steigern. Zu berücksichtigende Faktoren sind Produktinnovation, Markterweiterung und strategische Investitionen.

1. **Produktinnovation**: Unternehmen, die kontinuierlich Innovationen hervorbringen und neue Produkte auf den Markt bringen, können Marktanteile gewinnen und das Wachstum vorantreiben.
- **Beispiel**: Apple hat sein Wachstum durch die regelmäßige Einführung innovativer Produkte wie dem iPhone und der Apple Watch vorangetrieben.

2. **Marktexpansion**: Die Erschließung neuer Märkte, ob geografischer oder demografischer Art, kann zusätzliche Wachstumschancen bieten.
- **Beispiel**: Die Expansion von Starbucks in internationale Märkte hat seinen Kundenstamm und seine Umsätze deutlich gesteigert.

3. **Strategische Investitionen**: Investitionen in Technologie, Infrastruktur und Talente

können die Wachstumsaussichten eines Unternehmens verbessern.
- **Beispiel**: Amazons Investitionen in Cloud Computing über Amazon Web Services (AWS) haben sich zu einem bedeutenden Wachstumstreiber entwickelt.

Schritt-für-Schritt-Anleitung zur Durchführung einer Fundamentalanalyse

Die Durchführung einer Fundamentalanalyse umfasst mehrere Schritte zur Bewertung der finanziellen Gesundheit, der Branchenposition und des Wachstumspotenzials eines Unternehmens. Hier ist eine Schritt-für-Schritt-Anleitung:

1. **Das Geschäft verstehen**: Beginnen Sie damit, sich ein umfassendes Bild vom Geschäftsmodell, den Produkten bzw. Dienstleistungen und dem Wettbewerbsumfeld des Unternehmens zu machen.

2. **Finanzberichte analysieren**: Überprüfen Sie die Bilanz, die Gewinn- und Verlustrechnung und die Kapitalflussrechnung des Unternehmens, um seine finanzielle Gesundheit und Leistung zu beurteilen.

3. **Berechnen Sie wichtige Finanzkennzahlen**: Verwenden Sie Finanzkennzahlen, um Rentabilität, Liquidität, Verschuldungsgrad und Effizienz zu bewerten. Vergleichen Sie diese Kennzahlen mit Branchendurchschnitten und Wettbewerbern.

4. **Bewerten Sie qualitative Faktoren**: Bewerten Sie Managementqualität, Branchenposition, wirtschaftlichen Schutzwall und Wachstumspotenzial. Berücksichtigen Sie Faktoren wie Führung, Marktanteil, Wettbewerbsvorteile und Branchentrends.

5. **Bewertung durchführen**: Schätzen Sie den inneren Wert des Unternehmens mithilfe von Bewertungsmethoden wie diskontiertem

Cashflow (DCF), Kurs-Gewinn-Verhältnis (KGV) und Kurs-Buchwert-Verhältnis (P/B).

6. **Treffen Sie eine Anlageentscheidung**: Entscheiden Sie auf Grundlage Ihrer Analyse, ob die Aktie unter- oder überbewertet ist. Bedenken Sie die potenziellen Risiken und Erträge, bevor Sie eine Anlageentscheidung treffen.

Bewertungsmethoden

Die Bewertung ist ein wichtiger Aspekt der Fundamentalanalyse und hilft Anlegern dabei, zu bestimmen, ob eine Aktie angemessen bewertet ist. Hier sind einige gängige Bewertungsmethoden:

Discounted Cash Flow (DCF) Analyse

Die DCF-Analyse schätzt den inneren Wert eines Unternehmens, indem sie den Barwert seiner erwarteten zukünftigen Cashflows berechnet. Die Schritte der DCF-Analyse umfassen:

1. **Cashflow-Prognose**: Schätzen Sie die zukünftigen Cashflows des Unternehmens für einen bestimmten Zeitraum.
- **Beispiel**: Prognose des Cashflows von Apple für die nächsten fünf Jahre basierend auf dem erwarteten Umsatzwachstum, den Betriebsmargen und den Investitionsausgaben.

2. **Endwert berechnen**: Schätzen Sie den Wert des Unternehmens über den Prognosezeitraum hinaus.
- **Beispiel**: Verwenden eines ewigen Wachstumsmodells zur Schätzung des Endwerts von Apple unter der Annahme einer konstanten ewigen Wachstumsrate.

3. **Abzinsung von Cashflows**: Diskontieren Sie die prognostizierten Cashflows und den Endwert mit einem geeigneten Abzinsungssatz auf ihren Barwert.
- **Beispiel**: Verwenden Sie die gewichteten durchschnittlichen Kapitalkosten (WACC) von

Apple als Abzinsungssatz, um den Barwert zukünftiger Cashflows zu berechnen.

4. **Summieren Sie die Barwerte**: Addieren Sie die Barwerte der prognostizierten Cashflows und des Endwerts, um den inneren Wert des Unternehmens zu schätzen.
- **Beispiel**: Summieren Sie die Barwerte der prognostizierten Cashflows und des Endwerts von Apple, um den inneren Wert zu bestimmen.

Kurs-Gewinn-Verhältnis (KGV)

Das KGV vergleicht den Aktienkurs eines Unternehmens mit seinem Gewinn pro Aktie (EPS) und gibt an, wie viel Anleger bereit sind, für jeden Dollar Gewinn zu zahlen.

1. **Formel**: KGV = Aktienkurs / Gewinn pro Aktie
- **Beispiel**: Wenn der Aktienkurs eines Unternehmens 100 $ beträgt und sein Gewinn pro Aktie 5 $, dann ist das KGV 20.

2. **Interpretation**: Ein hohes KGV kann darauf hinweisen, dass Anleger ein hohes zukünftiges Wachstum erwarten, während ein niedriges KGV darauf hindeuten kann, dass die Aktie unterbewertet ist.

3. **Vergleich**: Vergleichen Sie das KGV mit Branchenkollegen und historischen Durchschnittswerten, um die relative Bewertung zu ermitteln.
   - **Beispiel**: Vergleich des KGV von Amazon mit anderen Technologieunternehmen, um festzustellen, ob es über- oder unterbewertet ist.

Kurs-Buchwert-Verhältnis (P/B)

Das P/B-Verhältnis vergleicht den Aktienkurs eines Unternehmens mit seinem Buchwert pro Aktie und gibt an, wie viel Anleger bereit sind, für jeden Dollar des Nettovermögens zu zahlen.

1. **Formel**: P/B-Verhältnis = Aktienkurs / Buchwert pro Aktie

- **Beispiel**: Wenn der Aktienkurs eines Unternehmens 50 $ beträgt und der Buchwert pro Aktie 25 $, dann beträgt das P/B-Verhältnis 2,0.

2. **Interpretation**: Ein hohes P/B-Verhältnis kann darauf hinweisen, dass Anleger ein hohes zukünftiges Wachstum erwarten, während ein niedriges P/B-Verhältnis darauf hindeuten kann, dass die Aktie unterbewertet ist.

3. **Vergleich**: Vergleichen Sie das P/B-Verhältnis mit Branchenkollegen und historischen Durchschnittswerten, um die relative Bewertung zu ermitteln.
- **Beispiel**: Vergleich des KBV von JPMorgan Chase mit anderen Banken, um festzustellen, ob es über- oder unterbewertet ist.

Fallstudien zur Fundamentalanalyse

Die Untersuchung realer Fallstudien kann wertvolle Einblicke in die Anwendung der

Fundamentalanalyse liefern. Hier sind drei Beispiele:

Fallstudie 1: Apple Inc. (AAPL)

Hintergrund: Apple Inc. ist ein führendes Technologieunternehmen, das für seine innovativen Produkte wie iPhone, iPad und Mac bekannt ist.

Bilanzanalyse:
- **Bilanz**: Zum 30. September 2023 verfügte Apple über ein Gesamtvermögen von 365 Milliarden US-Dollar, Gesamtverbindlichkeiten von 250 Milliarden US-Dollar und ein Gesamteigenkapital von 115 Milliarden US-Dollar.
- **Gewinn- und Verlustrechnung**: Für das am 30. September 2023 endende Geschäftsjahr meldete Apple einen Umsatz von 365 Milliarden US-Dollar, ein Betriebsergebnis von 95 Milliarden US-Dollar und einen Nettogewinn von 70 Milliarden US-Dollar.

- **Kapitalflussrechnung**: Für das am 30. September 2023 endende Jahr erwirtschaftete Apple einen operativen Cashflow von 100 Milliarden US-Dollar, einen Investitions-Cashflow von -20 Milliarden US-Dollar und einen Finanzierungs-Cashflow von -30 Milliarden US-Dollar.

Finanzielle Verhältnisse:
- **Bruttogewinnspanne**: 40 %
- **Betriebsmarge**: 26 %
- **Nettogewinnspanne**: 19 %
- **Aktuelles Verhältnis**: 1,5
- **Schulden-Eigenkapital-Verhältnis**: 1,2
- **Eigenkapitalrendite**: 60 %

Qualitative Faktoren:
- **Managementqualität**: Die Führung von Tim Cook hat das Wachstum und die Innovation von Apple weiterhin vorangetrieben.
- **Branchenposition**: Apple hält einen bedeutenden Marktanteil im Smartphone- und Tablet-Markt.

- **Wirtschaftlicher Schutzgraben**: Apples starke Marke, seine proprietäre Technologie und sein Ökosystem verursachen hohe Wechselkosten für die Kunden.
- **Wachstumspotenzial**: Apples Fokus auf Dienstleistungen und tragbare Technologie bietet zusätzliche Wachstumsmöglichkeiten.

Bewertung:
- **DCF-Analyse**: Unter Verwendung der prognostizierten Cashflows, einer terminalen Wachstumsrate von 2 % und eines WACC von 7 % wird der innere Wert der Apple-Aktie auf 180 USD pro Aktie geschätzt.
- **KGV**: 25, verglichen mit einem Branchendurchschnitt von 20.
- **P/B-Verhältnis**: 15, verglichen mit einem Branchendurchschnitt von 5.

Investitionsentscheidung: Basierend auf der Analyse scheint Apple im Vergleich zu seinen Branchenkollegen leicht überbewertet zu sein. Angesichts seiner starken finanziellen Gesundheit, seiner bedeutenden Marktposition und seines robusten Wachstumspotenzials bleibt es jedoch eine attraktive langfristige Investition. Anleger könnten sich aufgrund seiner konstanten Leistung und seines Innovationspotenzials für den Kauf und das Halten von Apple-Aktien entscheiden.

Fallstudie 2: Amazon.com Inc. (AMZN)

Hintergrund: Amazon.com Inc. ist ein globaler E-Commerce-Riese mit diversifizierten Aktivitäten in den Bereichen Cloud Computing, digitales Streaming und künstliche Intelligenz.

Bilanzanalyse:
- **Bilanz**: Zum 31. Dezember 2023 verfügte Amazon über ein Gesamtvermögen von 450 Milliarden US-Dollar, Gesamtverbindlichkeiten von 280 Milliarden US-Dollar und ein Gesamteigenkapital von 170 Milliarden US-Dollar.
- **Gewinn- und Verlustrechnung**: Für das am 31. Dezember 2023 endende Geschäftsjahr meldete Amazon einen Umsatz von 500

Milliarden US-Dollar, ein Betriebsergebnis von 50 Milliarden US-Dollar und einen Nettogewinn von 25 Milliarden US-Dollar.
- **Cashflow-Statement**: Für das am 31. Dezember 2023 endende Jahr erwirtschaftete Amazon einen operativen Cashflow von 60 Milliarden US-Dollar, einen Investitions-Cashflow von -30 Milliarden US-Dollar und einen Finanzierungs-Cashflow von -20 Milliarden US-Dollar.

Finanzielle Verhältnisse:
- **Bruttogewinnspanne**: 40 %
- **Betriebsmarge**: 10 %
- **Nettogewinnspanne**: 5 %
- **Aktuelles Verhältnis**: 1,1
- **Schulden-Eigenkapital-Verhältnis**: 1,6
- **Eigenkapitalrendite**: 15 %

Qualitative Faktoren:
- **Managementqualität**: Unter der Führung von Andy Jassy baut Amazon seine Marktpräsenz und Innovation weiter aus.

- **Branchenposition**: Amazon nimmt durch AWS eine beherrschende Stellung im E-Commerce und Cloud-Computing ein.
- **Wirtschaftlicher Schutzgraben**: Amazon profitiert von Skaleneffekten, einem ausgedehnten Vertriebsnetz und starker Markentreue.
- **Wachstumspotenzial**: Amazons Vorstöße in neue Märkte und Technologien, wie KI und Logistik, bieten erhebliche Wachstumschancen.

Bewertung:
- **DCF-Analyse**: Unter Verwendung der prognostizierten Cashflows, einer terminalen Wachstumsrate von 3 % und eines WACC von 8 % wird der innere Wert der Amazon-Aktie auf 3.500 USD pro Aktie geschätzt.
- **KGV**: 140, verglichen mit einem Branchendurchschnitt von 30.
- **P/B-Verhältnis**: 18, verglichen mit einem Branchendurchschnitt von 7.

Investitionsentscheidung: Das hohe KGV von Amazon lässt auf eine Premium-Bewertung basierend auf zukünftigen Wachstumserwartungen schließen. Trotz der hohen Bewertung ist Amazon aufgrund seiner führenden Marktpositionen und seines Innovationspotenzials eine attraktive Investition für wachstumsorientierte Anleger.

Fallstudie 3: Procter & Gamble Co. (PG)

Hintergrund: Procter & Gamble Co. (P&G) ist ein multinationales Konsumgüterunternehmen, das für sein breites Angebot an Markenprodukten, darunter Haushalts- und Körperpflegeartikel, bekannt ist.

Bilanzanalyse:
- **Bilanz**: Zum 30. Juni 2023 verfügte P&G über Gesamtvermögenswerte von 130 Milliarden US-Dollar, Gesamtverbindlichkeiten von 65 Milliarden US-Dollar und ein Gesamteigenkapital von 65 Milliarden US-Dollar.
- **Gewinn- und Verlustrechnung**: Für das am 30. Juni 2023 endende Geschäftsjahr meldete

P&G einen Umsatz von 80 Milliarden US-Dollar, ein Betriebsergebnis von 18 Milliarden US-Dollar und einen Nettogewinn von 14 Milliarden US-Dollar.
- **Cashflow-Statement**: Für das am 30. Juni 2023 endende Jahr erwirtschaftete P&G einen operativen Cashflow von 16 Milliarden US-Dollar, einen Investitions-Cashflow von -4 Milliarden US-Dollar und einen Finanzierungs-Cashflow von -12 Milliarden US-Dollar.

Finanzielle Verhältnisse:
- **Bruttogewinnspanne**: 50 %
- **Betriebsmarge**: 22 %
- **Nettogewinnspanne**: 17 %
- **Aktuelles Verhältnis**: 1,2
- **Schulden-Eigenkapital-Verhältnis**: 1,0
- **Eigenkapitalrendite**: 22 %

Qualitative Faktoren:
- **Managementqualität**: Das erfahrene Managementteam von P&G unter der Leitung von CEO David Taylor hat erfolgreich

Wachstum und Effizienzsteigerungen vorangetrieben.
- **Branchenposition**: P&G hat mit führenden Marken wie Tide, Gillette und Pampers eine starke Position in der Konsumgüterindustrie.
- **Wirtschaftlicher Schutzgraben**: Das umfassende Portfolio bekannter Marken und die starken Vertriebskanäle von P&G stellen erhebliche Markteintrittsbarrieren für Wettbewerber dar.
- **Wachstumspotenzial**: P&Gs Fokus auf Innovation, Kostenmanagement und Expansion in Schwellenmärkte unterstützt sein Wachstumspotenzial.

Bewertung:
- **DCF-Analyse**: Unter Verwendung der prognostizierten Cashflows, einer terminalen Wachstumsrate von 2 % und eines WACC von 6 % wird der innere Wert der P&G-Aktie auf 150 USD pro Aktie geschätzt.
- **KGV**: 24, verglichen mit einem Branchendurchschnitt von 20.

- **P/B-Verhältnis**: 7, verglichen mit einem Branchendurchschnitt von 5.

Investitionsentscheidung: Die Bewertungskennzahlen von P&G liegen leicht über dem Branchendurchschnitt, was auf eine mäßig hohe Bewertung hindeutet. Aufgrund seiner starken Finanzkraft, seiner Marktführerschaft und seiner konstanten Dividendenzahlungen ist das Unternehmen jedoch eine solide Wahl für konservative Anleger, die stabile Renditen suchen.

Die Fundamentalanalyse ist ein leistungsstarkes Tool zur Bewertung von Aktien und zum Treffen fundierter Anlageentscheidungen. Durch das Verstehen und Analysieren von Jahresabschlüssen, das Berechnen wichtiger Finanzkennzahlen und die Berücksichtigung qualitativer Faktoren können Anleger den inneren Wert und das Wachstumspotenzial eines Unternehmens beurteilen. Die Beherrschung der Fundamentalanalyse hilft beim Aufbau eines robusten Anlageportfolios, das auf langfristigen Wohlstand und finanzielle Sicherheit abzielt.

Anleger sollten bedenken, dass die Fundamentalanalyse nicht narrensicher ist. Marktbedingungen, wirtschaftliche Faktoren und unvorhergesehene Ereignisse können die Aktienperformance beeinflussen. Daher kann die Kombination der Fundamentalanalyse mit anderen Anlagestrategien und die Aufrechterhaltung eines diversifizierten Portfolios den Gesamtanlageerfolg steigern. Wie bei jedem Anlageansatz sind kontinuierliches Lernen, Sorgfalt und eine disziplinierte Denkweise entscheidend, um sich an der Börse zurechtzufinden und dauerhaften finanziellen Wohlstand zu erreichen.

Kapitel 6: Aktienanalyse: Technische Analyse

Die technische Analyse ist eine Methode zur Bewertung und Prognose der zukünftigen Preisbewegungen einer Aktie oder eines anderen Finanzwerts auf der Grundlage historischer Preis- und Volumendaten. Im Gegensatz zur Fundamentalanalyse, die sich auf die finanzielle Gesundheit und den inneren Wert eines Unternehmens konzentriert, untersucht die technische Analyse Muster und Trends in Preisbewegungen, um zukünftiges Verhalten vorherzusagen. Dieses Kapitel befasst sich mit den wesentlichen Aspekten der technischen Analyse und bietet einen umfassenden Leitfaden zur Verwendung dieser Methode, um durch fundierte und strategische Entscheidungen langfristigen Wohlstand aufzubauen.

Technische Analyse verstehen

Die technische Analyse basiert auf der Annahme, dass alle bekannten Informationen bereits im Aktienkurs berücksichtigt sind. Durch die Untersuchung vergangener Preisbewegungen und Handelsvolumina versuchen technische Analysten, Muster und Trends zu erkennen, die Aufschluss über das zukünftige Preisverhalten geben können. Zu den wichtigsten Werkzeugen und Techniken der technischen Analyse gehören Diagramme, technische Indikatoren und verschiedene Analyseformen wie Trendanalyse und Mustererkennung.

Grundprinzipien der technischen Analyse

1. **Marktgeschehen lässt alles außer Acht**: Technische Analysten gehen davon aus, dass alle Faktoren, die den Kurs einer Aktie beeinflussen könnten – wie Erträge, Dividenden und makroökonomische Faktoren – bereits im aktuellen Kurs der Aktie berücksichtigt sind.

2. **Preise bewegen sich in Trends**: Technische Analysten beobachten, dass sich

Aktienpreise in Trends bewegen, die einige Zeit anhalten. Das Erkennen dieser Trends kann Möglichkeiten für profitable Geschäfte bieten.

3. **Die Geschichte neigt dazu, sich zu wiederholen**: Die technische Analyse basiert auf der Annahme, dass historische Preisbewegungen aufgrund des kollektiven Verhaltens der Marktteilnehmer dazu neigen, sich zu wiederholen. Durch das Studium vergangener Muster versuchen Analysten, zukünftige Preisbewegungen vorherzusagen.

Diagrammtypen

Diagramme sind die wichtigsten Werkzeuge der technischen Analyse, um Preisbewegungen im Zeitverlauf zu visualisieren. Es gibt verschiedene Diagrammtypen, jeder mit seinen eigenen Vorteilen:

1. **Liniendiagramme**: Ein Liniendiagramm verbindet Schlusskurse über einen bestimmten Zeitraum und bietet eine klare und

unkomplizierte Darstellung des Preistrends. Es ist nützlich, um langfristige Trends zu erkennen, liefert jedoch keine detaillierten Informationen zu Intraday-Preisbewegungen.

2. **Balkendiagramme**: Ein Balkendiagramm zeigt die Höchst-, Tiefst-, Eröffnungs- und Schlusskurse für jeden Zeitraum an. Die Oberseite des Balkens stellt den höchsten Kurs dar, die Unterseite den niedrigsten Kurs und horizontale Linien zeigen die Eröffnungs- und Schlusskurse an. Balkendiagramme bieten detailliertere Informationen als Liniendiagramme.

3. **Candlestick-Charts**: Candlestick-Charts stammen von japanischen Reishändlern und bieten eine visuelle Darstellung von Preisbewegungen mithilfe von „Candlesticks". Jeder Candlestick stellt einen bestimmten Zeitraum dar und zeigt den Eröffnungs-, Höchst-, Tiefst- und Schlusskurs. Der Körper des Candlesticks zeigt den Preisbereich zwischen dem Eröffnungs- und Schlusskurs an, während

die Dochte (oder Schatten) den Höchst- und Tiefstkurs darstellen.

4. **Point and Figure Charts**: Im Gegensatz zu anderen Charts, die den Preis im Zeitverlauf darstellen, stellen Point and Figure Charts Preisbewegungen im Verhältnis zu Richtungsänderungen dar. Dieser Charttyp konzentriert sich ausschließlich auf signifikante Preisbewegungen, filtert unbedeutende Schwankungen heraus und bietet eine klare Übersicht über Angebot und Nachfrage.

Trend analysen

Das Erkennen und Analysieren von Trends ist ein entscheidender Aspekt der technischen Analyse. Trends stellen die allgemeine Richtung dar, in die sich der Preis einer Aktie bewegt. Es gibt drei Arten von Trends:

1. **Aufwärtstrend**: Ein Aufwärtstrend ist durch höhere Hochs und höhere Tiefs gekennzeichnet und weist darauf hin, dass der

Aktienkurs kontinuierlich steigt. Anleger versuchen, Aktien in einem Aufwärtstrend zu kaufen.

2. **Abwärtstrend**: Ein Abwärtstrend ist durch niedrigere Hochs und niedrigere Tiefs gekennzeichnet und weist darauf hin, dass der Aktienkurs kontinuierlich nach unten geht. Anleger versuchen, Aktien in einem Abwärtstrend zu verkaufen oder zu meiden.

3. **Seitwärtstrend (Konsolidierung)**: Ein Seitwärtstrend oder eine Konsolidierung liegt vor, wenn sich der Aktienkurs innerhalb eines engen Bereichs bewegt, ohne eine klare Aufwärts- oder Abwärtsrichtung zu haben. Anleger warten oft auf einen Ausbruch aus diesem Bereich, bevor sie Handelsentscheidungen treffen.

Unterstützung und Widerstand

Unterstützungs- und Widerstandsniveaus sind wichtige Konzepte in der technischen Analyse.

Sie stellen Preisniveaus dar, bei denen eine Aktie tendenziell Kauf- bzw. Verkaufsdruck ausgesetzt ist.

1. **Unterstützungsniveau**: Ein Unterstützungsniveau ist ein Preis, bei dem eine Aktie tendenziell auf Kaufinteresse stößt und so einen weiteren Rückgang verhindert. Wenn sich der Preis einer Aktie einem Unterstützungsniveau nähert, wird er wahrscheinlich wieder steigen.

2. **Widerstandsniveau**: Ein Widerstandsniveau ist ein Preis, bei dem eine Aktie tendenziell auf Verkaufsinteresse stößt, was einen weiteren Anstieg verhindert. Wenn sich der Preis einer Aktie einem Widerstandsniveau nähert, wird er wahrscheinlich wieder fallen.

Das Verständnis von Unterstützungs- und Widerstandsniveaus hilft Anlegern dabei, fundierte Entscheidungen darüber zu treffen, wann sie in einen Handel einsteigen oder aussteigen sollen.

Technische Indikatoren

Technische Indikatoren sind mathematische Berechnungen, die auf historischen Preis-, Volumen- oder Open-Interest-Daten basieren. Sie helfen Händlern, Trends, Dynamik, Volatilität und andere kritische Faktoren in der Preisbewegung einer Aktie zu erkennen. Hier sind einige der am häufigsten verwendeten technischen Indikatoren:

Gleitende Mittelwerte

Gleitende Durchschnitte glätten Preisdaten, um Trends zu erkennen, indem sie die Preise über einen bestimmten Zeitraum mitteln. Es gibt zwei Haupttypen gleitender Durchschnitte:

1. **Einfacher gleitender Durchschnitt (SMA)**: Der SMA wird berechnet, indem die Schlusskurse eines bestimmten Zeitraums

addiert und durch die Anzahl der Zeiträume geteilt werden. Er bietet eine einfache Übersicht über den durchschnittlichen Aktienkurs im Zeitverlauf.
- **Beispiel**: Ein 50-Tage-SMA wird berechnet, indem die Schlusskurse der letzten 50 Tage addiert und durch 50 geteilt werden.

2. **Exponential Moving Average (EMA)**: Der EMA gewichtet die jüngsten Preise stärker und reagiert daher besser auf neue Informationen. Er wird mithilfe einer komplexeren Formel berechnet, die einen Gewichtungsfaktor auf die jüngsten Preise anwendet.
- **Beispiel**: Ein 50-Tage-EMA gibt den Preisen der letzten Tage mehr Gewicht als ein 50-Tage-SMA.

Relative-Stärke-Index (RSI)

Der RSI ist ein Momentum-Oszillator, der die Geschwindigkeit und Veränderung von Preisbewegungen misst. Er reicht von 0 bis 100 und hilft dabei, überkaufte oder überverkaufte Bedingungen zu identifizieren.

- **Berechnung**: RSI = 100 - (100 / (1 + RS)), wobei RS = Durchschnittlicher Gewinn / Durchschnittlicher Verlust über einen bestimmten Zeitraum.
- **Interpretation**: Ein RSI über 70 zeigt an, dass die Aktie möglicherweise überkauft ist, während ein RSI unter 30 darauf hindeutet, dass die Aktie möglicherweise überverkauft ist.

Konvergenz-Divergenz des gleitenden Durchschnitts (MACD)

Der MACD ist ein trendfolgender Momentumindikator, der die Beziehung zwischen zwei gleitenden Durchschnitten des Kurses einer Aktie zeigt. Er besteht aus der MACD-Linie, der Signallinie und dem Histogramm.

- **MACD-Linie**: Die Differenz zwischen dem 12-Tage-EMA und dem 26-Tage-EMA.

- **Signallinie**: Ein 9-Tage-EMA der MACD-Linie.
- **Histogramm**: Die Differenz zwischen der MACD-Linie und der Signallinie.

- **Interpretation**: Wenn die MACD-Linie die Signallinie nach oben kreuzt, ist das ein bullisches Signal, das auf eine potenzielle Kaufgelegenheit hinweist. Wenn die MACD-Linie die Signallinie nach unten kreuzt, ist das ein bärisches Signal, das auf eine potenzielle Verkaufsgelegenheit hinweist.

Bollinger Bänder

Bollinger-Bänder bestehen aus einem mittleren Band (SMA) und zwei äußeren Bändern, die Standardabweichungen über und unter dem mittleren Band darstellen. Sie helfen bei der Messung der Volatilität und identifizieren überkaufte oder überverkaufte Bedingungen.

- **Berechnung**: Das mittlere Band ist typischerweise ein 20-Tage-SMA. Die oberen und unteren Bänder liegen jeweils zwei Standardabweichungen über und unter dem mittleren Band.

- **Interpretation**: Wenn sich der Preis der oberen Bandbreite nähert, ist die Aktie möglicherweise überkauft. Wenn sich der Preis der unteren Bandbreite nähert, ist die Aktie möglicherweise überverkauft.

Stochastischer Oszillator

Der stochastische Oszillator ist ein Momentumindikator, der den Schlusskurs einer Aktie mit ihrer Preisspanne über einen bestimmten Zeitraum vergleicht. Der Wert reicht von 0 bis 100.

- **Berechnung**: %K = (Aktueller Schlusskurs – Niedrigster Tiefstkurs) / (Höchster Hochstkurs – Niedrigster Tiefstkurs) * 100. %D ist ein 3-Tages-SMA von %K.
- **Interpretation**: Ein Wert über 80 zeigt an, dass die Aktie möglicherweise überkauft ist,

während ein Wert unter 20 darauf hindeutet, dass die Aktie möglicherweise überverkauft ist.

Chartmuster

Chartmuster sind spezielle Formationen, die durch die Kursbewegungen einer Aktie entstehen. Das Erkennen dieser Muster kann Händlern dabei helfen, zukünftige Kursbewegungen vorherzusagen. Hier sind einige gängige Chartmuster:

Kopf und Schultern

Das Kopf-Schulter-Muster ist ein Umkehrmuster, das eine Änderung der Trendrichtung signalisiert. Es besteht aus drei Spitzen: einer höheren Spitze (Kopf) zwischen zwei niedrigeren Spitzen (Schultern).

- **Kopf-Schulter-Oberseite**: Zeigt eine mögliche Umkehr von einem Aufwärtstrend zu einem Abwärtstrend an. Die Nackenlinie wird durch die Verbindung der Tiefs zwischen den

Schultern gezeichnet. Ein Bruch unterhalb der Nackenlinie bestätigt das Muster.

- **Umgekehrtes Kopf-Schulter-Muster**: Zeigt eine mögliche Umkehr von einem Abwärtstrend zu einem Aufwärtstrend an. Die Nackenlinie wird durch die Verbindung der Hochs zwischen den Schultern gezeichnet. Ein Durchbruch über die Nackenlinie bestätigt das Muster.

Doppeltop und Doppelboden

Die Muster „Doppeltop" und „Doppelboden" sind ebenfalls Umkehrmuster, die eine Änderung der Trendrichtung anzeigen.

- **Doppeltop**: Besteht aus zwei Spitzen auf ungefähr demselben Preisniveau und signalisiert eine mögliche Umkehr von einem Aufwärtstrend zu einem Abwärtstrend. Das Muster wird bestätigt, wenn der Preis unter das Unterstützungsniveau zwischen den Spitzen fällt.

- **Doppelter Boden**: Besteht aus zwei Tiefpunkten auf ungefähr demselben Preisniveau und signalisiert eine mögliche Umkehr von einem Abwärtstrend zu einem Aufwärtstrend. Das Muster wird bestätigt, wenn der Preis über das Widerstandsniveau zwischen den Tiefpunkten steigt.

Dreiecke

Dreiecke sind Fortsetzungsmuster, die eine Pause im aktuellen Trend anzeigen, die sich wahrscheinlich fortsetzt, nachdem das Muster abgeschlossen ist. Es gibt drei Arten von Dreiecken:

1. **Aufsteigendes Dreieck**: Wird durch eine horizontale Widerstandslinie und eine aufsteigende Unterstützungslinie gebildet. Es weist auf eine mögliche Fortsetzung eines Aufwärtstrends hin.
2. **Absteigendes Dreieck**: Wird durch eine horizontale Unterstützungslinie und eine absteigende Widerstandslinie gebildet. Es weist

auf eine mögliche Fortsetzung eines Abwärtstrends hin.

3. **Symmetrisches Dreieck**: Wird durch eine konvergierende und eine divergierende Trendlinie gebildet, wobei keine der Linien horizontal ist. Es deutet auf Unentschlossenheit zwischen Käufern und Verkäufern hin und geht häufig einer signifikanten Preisbewegung voraus.

Flaggen und Wimpel

Flaggen und Wimpel sind kurzfristige Fortsetzungsmuster, die eine kurze Pause im aktuellen Trend signalisieren, bevor der Trend wieder aufgenommen wird.

- **Bullische Flagge**: Wird durch eine starke Preisbewegung (Fahnenmast) gebildet, gefolgt von einer Konsolidierungsphase (Flagge), die durch parallele, nach unten geneigte Trendlinien gekennzeichnet ist. Sie weist auf eine Fortsetzung eines Aufwärtstrends hin.

- **Bearish Flag**: Ähnlich wie eine bullish Flag, aber umgekehrt. Wird durch einen starken Preisrückgang gebildet, gefolgt von einer Konsolidierungsphase, die durch parallele, nach oben verlaufende Trendlinien gekennzeichnet ist. Zeigt die Fortsetzung eines Abwärtstrends an.
- **Bullisches Wimpel**: Ähnlich einer bullischen Flagge, aber mit konvergierenden Trendlinien, die ein kleines symmetrisches Dreieck bilden. Es zeigt eine Fortsetzung eines Aufwärtstrends an.
- **Bärenwimpel**: Ähnlich einer bärischen Flagge, aber mit konvergierenden Trendlinien, die ein kleines symmetrisches Dreieck bilden. Es zeigt eine Fortsetzung eines Abwärtstrends an.

Keile

Keile sind Fortsetzungsmuster, die durch konvergierende Trendlinien gekennzeichnet sind, die in die gleiche Richtung verlaufen wie der vorherrschende Trend.

- **Steigender Keil**: Wird durch zwei aufsteigende Trendlinien gebildet, wobei die obere Trendlinie steiler ist als die untere Trendlinie. Zeigt eine mögliche Umkehr von einem Aufwärtstrend zu einem Abwärtstrend an.
- **Fallender Keil**: Wird durch zwei absteigende Trendlinien gebildet, wobei die untere Trendlinie steiler ist als die obere Trendlinie. Zeigt eine mögliche Umkehr von einem Abwärtstrend zu einem Aufwärtstrend an.

Technische Analyse im Handel nutzen

Die technische Analyse kann in verschiedenen Handelsstrategien angewendet werden, darunter Trendfolge, Momentum-Trading und Swing-Trading. Hier sind einige wichtige Grundsätze, die bei der Verwendung der technischen Analyse im Handel zu beachten sind:

Handeln Sie mit dem Trend

Eines der Grundprinzipien der technischen Analyse besteht darin, mit dem Trend zu handeln. Indem sie die Richtung des vorherrschenden Trends erkennen, können Händler ihre Erfolgschancen erhöhen, indem sie ihre Trades an der allgemeinen Marktrichtung ausrichten.

Verwenden Sie mehrere Zeitrahmen

Durch die Analyse mehrerer Zeiträume erhalten Händler einen umfassenden Überblick über die Kursentwicklung einer Aktie. Während langfristige Trends den Gesamtkontext liefern, können kurzfristigere Diagramme dabei helfen, Einstiegs- und Ausstiegspunkte präziser zu identifizieren.

Technische Indikatoren kombinieren

Anstatt sich auf einen einzigen technischen Indikator zu verlassen, verwenden Händler häufig eine Kombination von Indikatoren, um Signale zu bestätigen und falsche Signale herauszufiltern. Beispielsweise kann die Kombination eines Trendfolgeindikators wie des gleitenden Durchschnitts mit einem Momentum-Oszillator wie dem RSI ein robusteres Handelssignal liefern.

Manage das Risiko

Risikomanagement ist im Handel unerlässlich, um Kapital zu schützen und Gewinne zu sichern. Das Setzen von Stop-Loss-Orders, die Verwaltung von Positionsgrößen und die Einhaltung strenger Risiko-Ertrags-Verhältnisse sind entscheidende Aspekte eines effektiven Risikomanagements.

Bleiben Sie diszipliniert

Emotionale Disziplin ist beim Trading entscheidend, da Angst und Gier zu irrationalen Entscheidungen führen können. Für langfristigen Erfolg ist es wichtig, einen klar definierten Tradingplan zu befolgen, sich an vorgegebene Ein- und Ausstiegskriterien zu halten und impulsive Trades zu vermeiden.

Die technische Analyse ist ein wertvolles Werkzeug für Händler und Investoren, die sich auf dem Aktienmarkt zurechtfinden und fundierte Handelsentscheidungen treffen möchten. Durch die Analyse historischer Preis- und Volumendaten, das Erkennen von Mustern und Trends und die Verwendung technischer Indikatoren können Händler Einblicke in die Marktdynamik und mögliche zukünftige Preisbewegungen gewinnen.

Auch wenn die technische Analyse ihre Grenzen hat und zukünftige Ergebnisse nicht mit Sicherheit vorhersagen kann, bietet sie doch einen strukturierten Rahmen für die Analyse des Aktienkursverhaltens und die Identifizierung von Handelsmöglichkeiten. Durch die Kombination der technischen Analyse mit anderen Analyseformen, wie der Fundamentalanalyse und der Marktstimmungsanalyse, können Händler einen umfassenden Handelsansatz entwickeln, der ihre Erfolgschancen erhöht.

Wie bei jeder Handelsstrategie sind kontinuierliches Lernen, Übung und Anpassung unerlässlich, um die technische Analyse zu beherrschen und langfristige Gewinne an der Börse zu erzielen. Indem Händler ihre Fähigkeiten verfeinern und bei ihrer Herangehensweise diszipliniert bleiben, können sie im Laufe der Zeit Vermögen aufbauen und ihre finanziellen Ziele erreichen.

Kapitel 7: Langfristige vs. kurzfristige Investitionen

Für Investitionen an der Börse gibt es verschiedene Strategien, jede mit ihren eigenen Vorteilen und Überlegungen. Zwei Hauptansätze sind langfristige Investitionen und kurzfristiger Handel. In diesem Kapitel werden wir uns mit den wesentlichen Aspekten beider Strategien befassen und ihre Unterschiede, Vorteile und Herausforderungen untersuchen, um Ihnen dabei zu helfen, sich auf dem Markt zurechtzufinden und langfristigen Wohlstand aufzubauen.

Langzeit Investition

Bei langfristigen Investitionen werden Vermögenswerte gekauft und über einen längeren Zeitraum gehalten, in der Regel mehrere Jahre oder länger. Anleger konzentrieren sich auf grundlegende Faktoren wie die finanzielle Gesundheit eines

Unternehmens, sein Wachstumspotenzial und seine Wettbewerbsvorteile. Hier sind die wichtigsten Aspekte langfristiger Investitionen:

Vorteile einer langfristigen Investition

1. **Zinseszinseffekt**: Langfristige Investoren profitieren vom Zinseszinseffekt, bei dem reinvestierte Gewinne im Laufe der Zeit zusätzliche Erträge generieren. Indem sie investiert bleiben und ihre Investitionen wachsen lassen, können Investoren beträchtliches Vermögen anhäufen.

2. **Geringere Transaktionskosten**: Bei langfristigen Investitionen sind im Vergleich zum kurzfristigen Handel in der Regel weniger Transaktionen erforderlich, was zu niedrigeren Maklergebühren und Steuern führt. Diese Kosteneffizienz kann die Gesamtrendite langfristig steigern.

3. **Geringere Marktvolatilität**: Langfristige Anleger sind weniger von kurzfristigen

Marktschwankungen und Turbulenzen betroffen. Sie können Marktrückgänge und Volatilität überstehen, da sie wissen, dass ihr Anlagehorizont über vorübergehende Schwankungen hinausgeht.

4. **Steuervorteile**: In vielen Ländern werden langfristige Kapitalgewinne niedriger besteuert als kurzfristige Kapitalgewinne. Das Halten von Investitionen über einen langen Zeitraum kann zu Steuereinsparungen führen und so die Nettorendite weiter steigern.

5. **Gelegenheit, vom Wirtschaftswachstum zu profitieren**: Langfristige Anleger können im Laufe der Zeit vom allgemeinen Wachstum der Wirtschaft und der globalen Märkte profitieren. Wenn Unternehmen expandieren und die Wirtschaft wächst, steigen in der Regel die Aktienkurse, was langfristigen Anlegern Wohlstand beschert.

Überlegungen zu langfristigen Investitionen

1. **Geduld und Disziplin**: Erfolgreiches langfristiges Investieren erfordert Geduld und Disziplin. Anleger müssen dem Drang widerstehen, auf kurzfristige Marktschwankungen zu reagieren und sich auf ihre langfristigen Ziele konzentrieren.

2. **Diversifikation**: Eine Diversifizierung über verschiedene Anlageklassen, Sektoren und geografische Regionen kann dazu beitragen, das Risiko zu senken und die langfristigen Erträge zu steigern. Ein gut diversifiziertes Portfolio kann Marktschocks und Konjunkturabschwüngen standhalten.

3. **Regelmäßige Überprüfung**: Während langfristige Anleger einen Buy-and-Hold-Ansatz verfolgen, ist eine regelmäßige Überprüfung ihrer Investitionen unerlässlich. Durch die Neugewichtung des Portfolios, die Neubewertung der Anlageziele und die erforderlichen Anpassungen wird eine Anpassung an veränderte Marktbedingungen und persönliche Umstände sichergestellt.

4. **Risikomanagement**: Langfristiges Investieren bedeutet nicht, Risiken zu ignorieren. Anleger müssen Risikofaktoren wie Marktrisiken, Geschäftsrisiken und geopolitische Risiken sorgfältig bewerten und managen, um ihr Kapital zu schützen und ihre langfristigen Ziele zu erreichen.

Beispiele für erfolgreiche langfristige Investoren

1. **Warren Buffett**: Warren Buffett, Vorsitzender und CEO von Berkshire Hathaway, ist einer der erfolgreichsten langfristigen Investoren der Geschichte. Er verfolgt einen Value-Investing-Ansatz und konzentriert sich auf unterbewertete Unternehmen mit starken Fundamentaldaten und Wettbewerbsvorteilen.

2. **Peter Lynch**: Der ehemalige Fondsmanager von Fidelity Magellan, Peter Lynch, erzielte bemerkenswerte Erfolge durch Investitionen in Wachstumsunternehmen mit

soliden Fundamentaldaten und langfristigem Potenzial. Er legte Wert auf gründliche Recherche und Geduld beim Halten von Investitionen.

3. **John Templeton**: Der renommierte Investor Sir John Templeton baute sein Vermögen auf, indem er in unterbewertete Aktien auf der ganzen Welt investierte. Er glaubte an einen konträren Ansatz: Er kaufte, wenn andere Angst hatten, und verkaufte, wenn andere gierig waren.

Kurzfristiger Handel

Kurzfristiger Handel, auch als aktiver Handel oder Spekulation bekannt, umfasst den Kauf und Verkauf von Vermögenswerten innerhalb eines kurzen Zeitrahmens, oft Minuten, Stunden oder Tage. Händler konzentrieren sich auf technische Analysen, Markttrends und kurzfristige Preisbewegungen, um Chancen zu nutzen. Hier sind die wichtigsten Aspekte des kurzfristigen Handels:

Vorteile des kurzfristigen Handels

1. **Potenzial für schnelle Gewinne**: Kurzfristige Händler zielen darauf ab, von schnellen Preisbewegungen auf dem Markt zu profitieren. Indem sie kurzfristige Schwankungen ausnutzen, können Händler schnelle Gewinne erzielen und hohe Renditen auf ihre Investitionen erzielen.

2. **Flexibilität und Agilität**: Kurzfristige Händler haben die Flexibilität, sich schnell an veränderte Marktbedingungen anzupassen und neue Chancen zu nutzen. Sie können Positionen schnell eröffnen und schließen, um kurzfristige Preisbewegungen auszunutzen.

3. **Liquidität**: Kurzfristiger Handel eignet sich gut für liquide Märkte, in denen Vermögenswerte schnell und ohne nennenswerte Preisauswirkungen gekauft und verkauft werden können. Händler können Positionen problemlos

eröffnen und schließen, ohne mit Liquiditätsengpässen konfrontiert zu sein.

4. **Konzentrieren Sie sich auf die technische Analyse**: Kurzfristige Händler verlassen sich stark auf die technische Analyse, um Einstiegs- und Ausstiegspunkte, Trends und Muster in Preisbewegungen zu erkennen. Sie verwenden verschiedene technische Indikatoren und Chartmuster, um Handelsentscheidungen zu treffen.

Überlegungen zum kurzfristigen Handel

1. **Hohes Risiko**: Kurzfristiger Handel ist von Natur aus riskant, da er die Vorhersage kurzfristiger Preisbewegungen beinhaltet, die unvorhersehbar und volatil sein können. Händler müssen bereit sein, Verluste zu akzeptieren und Risiken effektiv zu managen, um erhebliche finanzielle Verluste zu vermeiden.

2. **Emotionale Disziplin**: Erfolgreiches kurzfristiges Trading erfordert emotionale

Disziplin und psychische Belastbarkeit. Trader müssen ihre Emotionen kontrollieren, impulsive Entscheidungen vermeiden und auch in Zeiten von Marktturbulenzen an ihrem Tradingplan festhalten.

3. **Market Timing**: Kurzfristige Händler müssen ihre Ein- und Ausstiege genau planen, um kurzfristige Preisbewegungen zu nutzen. Den richtigen Marktzeitpunkt zu finden, ist eine Herausforderung und erfordert Geschick, Erfahrung und ein tiefes Verständnis der Marktdynamik.

4. **Transaktionskosten**: Kurzfristiger Handel kann aufgrund des häufigen Kaufs und Verkaufs von Vermögenswerten kostspielig sein, was zu höheren Transaktionskosten, Maklergebühren und Steuern führt. Händler müssen diese Kosten in ihre Handelsstrategie einbeziehen, um die Rentabilität sicherzustellen.

Beispiele für erfolgreiche Kurzfristhändler

1. **George Soros**: Der renommierte Hedgefonds-Manager George Soros ist für seine erfolgreichen kurzfristigen Geschäfte bekannt, bei denen er Markteffizienzen und makroökonomische Trends ausnutzt. Im Jahr 1992, bekannt als „Schwarzer Mittwoch", machte er einen Milliardengewinn, indem er das britische Pfund leerverkaufte.

2. **Paul Tudor Jones**: Der Hedgefonds-Manager Paul Tudor Jones ist bekannt für seine makroökonomischen Handelsstrategien und seine Fähigkeit, von kurzfristigen Marktbewegungen zu profitieren. Er sagte den Börsencrash von 1987 erfolgreich voraus und hat seitdem durch aktives Handeln erhebliche Gewinne erzielt.

3. **Larry Williams**: Larry Williams ist ein renommierter Rohstoffhändler, der für seine kurzfristigen Handelsstrategien und sein Fachwissen in der technischen Analyse bekannt ist. Er gewann 1987 die Weltmeisterschaft im Futures-Handel, indem er in weniger als einem

Jahr 10.000 Dollar in über 1 Million Dollar verwandelte.

Langfristig vs. kurzfristig: Den richtigen Ansatz wählen

Bei der Entscheidung zwischen langfristigen Investitionen und kurzfristigem Handel sollten Anleger ihre finanziellen Ziele, ihre Risikobereitschaft, ihren Zeithorizont und ihre persönlichen Präferenzen berücksichtigen. Hier sind einige Faktoren, die bei der Wahl des richtigen Ansatzes zu berücksichtigen sind:

Finanzielle Ziele

- **Langfristige Investitionen**: Ideal für Anleger, die einen Vermögensaufbau über einen längeren Zeitraum anstreben, beispielsweise durch Altersvorsorge, Bildungsfonds oder die Übertragung von Vermögen an eine Generation.
- **Kurzfristiger Handel**: Geeignet für Anleger, die schnelle Gewinne oder die Erzielung von Einnahmen durch aktiven Handel,

wie etwa Daytrading oder Swingtrading, anstreben.

Risikotoleranz

- **Langfristige Investitionen**: Im Allgemeinen geringeres Risiko aufgrund eines längeren Anlagehorizonts, sodass Anleger die Marktvolatilität überstehen und sich von vorübergehenden Abschwüngen erholen können.
- **Kurzfristiger Handel**: Höheres Risiko aufgrund möglicher schneller und erheblicher Preisschwankungen. Händler müssen daher das Risiko aktiv steuern und Verluste akzeptieren.

Zeithorizont

- **Langfristige Investition**: Erfordert einen längeren Zeithorizont von mehreren Jahren oder mehr, um die vollen Vorteile der Zinseszinsen und der Wertsteigerung des Vermögens zu erzielen.
- **Kurzfristiger Handel**: Umfasst kurze Zeiträume von Minuten, Stunden oder Tagen,

die häufige Überwachung und aktive Entscheidungsfindung erfordern.

Marktbedingungen

- **Langfristige Investitionen**: Gut geeignet für stabile Marktbedingungen und Wirtschaftswachstumsphasen, in denen langfristige Trends vorhersehbarer und nachhaltiger sind.
- **Kurzfristiger Handel**: Kann sowohl bei volatilen als auch bei stabilen Marktbedingungen erfolgreich sein, da kurzfristige Händler von Preisbewegungen in jede Richtung profitieren können.

Persönliche Vorlieben

- **Langfristige Investitionen**: Spricht Anleger an, die einen passiven, zurückhaltenden Ansatz beim Investieren bevorzugen, der es ihnen ermöglicht, sich auf andere Aspekte ihres Lebens zu konzentrieren.

- **Kurzfristiger Handel**: Zieht Personen an, die den Nervenkitzel und die Herausforderung des aktiven Handels genießen, sowie diejenigen, die über die Zeit und Ressourcen verfügen, sich häufigen Handelsaktivitäten zu widmen.

Langfristiges Investieren und kurzfristiges Handeln sind zwei unterschiedliche Ansätze für Investitionen an der Börse, die jeweils einzigartige Vorteile und Herausforderungen bieten. Beim langfristigen Investieren liegt der Schwerpunkt auf der Vermögensbildung im Laufe der Zeit durch geduldiges und diszipliniertes Investieren in grundsätzlich solide Vermögenswerte. Beim kurzfristigen Handeln hingegen wird aktiv auf kurzfristige Preisbewegungen spekuliert, um schnelle Gewinne zu erzielen.

Letztendlich hängt die Entscheidung zwischen langfristigem Investieren und kurzfristigem Handel von individuellen Präferenzen, finanziellen Zielen, Risikobereitschaft und Zeithorizont ab. Manche Anleger bevorzugen möglicherweise die Stabilität und das langfristige Wachstumspotenzial langfristiger Investitionen, während andere von der Spannung und den potenziellen Gewinnen kurzfristiger Handelsstrategien angezogen werden. Indem Anleger die wichtigsten Unterschiede zwischen diesen Ansätzen verstehen und sie an ihren Anlagezielen ausrichten, können sie den Markt effektiv steuern und langfristig Vermögen aufbauen.

Kapitel 8: Aufbau eines starken Portfolios

Ein gut zusammengestelltes Anlageportfolio ist der Eckpfeiler für den langfristigen Vermögensaufbau an der Börse. Durch die sorgfältige Auswahl eines Vermögensmix, der auf die individuellen finanziellen Ziele, die Risikobereitschaft und den Anlagehorizont abgestimmt ist, können Anleger Risiken mindern, Erträge maximieren und ihre Ziele erreichen. In diesem Kapitel werden wir die wesentlichen Aspekte des Aufbaus eines starken Portfolios untersuchen, von der Vermögensallokation und Diversifizierung bis hin zur Portfolioneugewichtung und dem Risikomanagement.

Die Vermögensallokation verstehen

Bei der Vermögensallokation wird ein Anlageportfolio auf verschiedene Anlageklassen wie Aktien, Anleihen, Bargeld und alternative Anlagen aufgeteilt. Ziel der Vermögensallokation ist es, basierend auf den Zielen und der Risikobereitschaft eines Anlegers das optimale Gleichgewicht zwischen Risiko und Rendite zu erreichen. Hier sind die wichtigsten Grundsätze der Vermögensallokation:

Bestimmung der Risikotoleranz

Die Risikotoleranz bezieht sich auf die Fähigkeit und Bereitschaft eines Anlegers, Wertschwankungen seiner Anlagen zu ertragen. Faktoren, die die Risikotoleranz beeinflussen, sind unter anderem Alter, Anlageziele, Anlagehorizont und finanzielle Situation. Anleger mit einer höheren Risikotoleranz können einen größeren Teil ihres Portfolios in Aktien investieren, die höhere potenzielle Renditen, aber auch eine höhere Volatilität bieten, während Anleger mit einer geringeren Risikotoleranz eine konservativere Allokation mit einem höheren Anteil an Anleihen und Bargeld bevorzugen.

Anlageziele festlegen

Anlageziele variieren je nach individuellen Umständen und Zielen. Zu den üblichen Anlagezielen gehören Vermögensaufbau für den Ruhestand, Einkommensgenerierung, Kapitalerhalt und Wachstum. Durch die Definition klarer Anlageziele können Anleger ihre Anlageallokationsstrategie an ihren langfristigen finanziellen Zielen ausrichten.

Auswahl der Anlageklassen

Anlageklassen weisen unterschiedliche Risiko-Rendite-Profile und Korrelationen untereinander auf und eignen sich daher für unterschiedliche Anlageziele. Zu den wichtigsten Anlageklassen zählen:

- **Aktien (Wertpapiere)**: Bieten die höchsten potenziellen Renditen, aber auch die höchste Volatilität. Aktien eignen sich für langfristig wachstumsorientierte Anleger.
- **Anleihen (festverzinslich)**: Bieten ein stabiles Einkommen und ein geringeres Risiko im Vergleich zu Aktien. Anleihen eignen sich

für Anleger, die Einkommen generieren und ihr Kapital erhalten möchten.
- **Barmittel und Barmitteläquivalente**: Bieten Stabilität und Liquidität, aber geringere Renditen im Vergleich zu Aktien und Anleihen. Zu den Barmitteläquivalenten zählen Geldmarktfonds und kurzfristige Schatzanweisungen.
- **Alternative Anlagen**: Dazu gehören Immobilien, Rohstoffe, Hedgefonds und Private Equity. Alternative Anlagen können Diversifizierung und potenziell höhere Renditen bieten, sind jedoch häufig mit einem höheren Risiko und geringerer Liquidität verbunden.

Umsetzung der Asset Allocation

Sobald die Anlageklassen ausgewählt sind, können Anleger die Vermögensallokation durchführen, indem sie jeder Anlageklasse einen Prozentsatz ihres Portfolios zuweisen, basierend auf ihrer Risikobereitschaft und ihren Anlagezielen. Beispielsweise könnte ein Anleger mit mittlerem Risiko 60 % seines Portfolios in

Aktien, 30 % in Anleihen und 10 % in Bargeld und Alternativen investieren.

Diversifikation: Streuung des Risikos auf verschiedene Vermögenswerte

Diversifikation ist die Praxis, Investitionen auf verschiedene Vermögenswerte innerhalb jeder Anlageklasse zu verteilen, um die Auswirkungen einer einzelnen Investition auf das Gesamtportfolio zu verringern. Das Ziel der Diversifikation besteht darin, das Risiko zu minimieren, ohne die Rendite zu beeinträchtigen. Und so funktioniert Diversifikation:

Arten der Diversifikation

1. **Diversifizierung der Vermögensallokation**: Streuung der Investitionen auf verschiedene Anlageklassen wie Aktien, Anleihen und Bargeld, um das Gesamtportfoliorisiko zu reduzieren.

2. **Sektordiversifizierung**: Investition in Unternehmen aus verschiedenen Wirtschaftssektoren wie Technologie, Gesundheitswesen, Finanzen und Konsumgüter, um sektorspezifische Risiken zu mindern.
3. **Geografische Diversifizierung**: Verteilung der Investitionen auf verschiedene geografische Regionen und Länder, um die Anfälligkeit gegenüber länderspezifischen Risiken und geopolitischen Ereignissen zu verringern.
4. **Unternehmensdiversifizierung**: Investieren Sie in einen diversifizierten Mix einzelner Unternehmen innerhalb jedes Sektors, um die Auswirkungen unternehmensspezifischer Risiken, wie etwa eine schlechte Finanzentwicklung oder Managementprobleme, zu minimieren.

Vorteile der Diversifikation

1. **Risikominderung**: Diversifikation hilft, das Risiko auf mehrere Vermögenswerte zu verteilen und so die Auswirkungen negativer

Ereignisse auf das Gesamtportfolio zu verringern. Während einige Anlagen an Wert verlieren können, können andere eine gute Performance aufweisen und Verluste abmildern.
2. **Stabile Renditen**: Diversifizierte Portfolios erzielen im Vergleich zu konzentrierten Portfolios im Laufe der Zeit tendenziell gleichmäßigere und beständigere Renditen. Diese Stabilität kann Anlegern helfen, investiert zu bleiben und bei Marktabschwüngen Disziplin zu wahren.
3. **Erhöhte Chancen**: Diversifizierung ermöglicht es Anlegern, ein breiteres Spektrum an Anlagemöglichkeiten zu nutzen, darunter verschiedene Sektoren, Regionen und Anlageklassen. Durch Diversifizierung können Anleger auf verschiedene Quellen potenziellen Wachstums und Einkommens zugreifen.

Portfolio-Rebalancing: Beibehaltung der gewünschten Allokation

Unter Portfolio-Rebalancing versteht man den Prozess, bei dem die Vermögensallokation eines

Portfolios regelmäßig wieder auf die Zielgewichtung angepasst wird. Durch das Rebalancing wird sichergestellt, dass das Portfolio im Laufe der Zeit mit der Risikobereitschaft und den Anlagezielen des Anlegers übereinstimmt. So funktioniert das Portfolio-Rebalancing:

1. **Neugewichtungsschwellenwerte festlegen**: Bestimmen Sie den Bereich, innerhalb dessen die Vermögensallokation schwanken kann, bevor eine Neugewichtung ausgelöst wird. Wenn beispielsweise die Zielallokation für Aktien 60 % beträgt, könnte der Neugewichtungsschwellenwert auf ±5 % festgelegt werden.
2. **Überwachen Sie die Portfolio-Performance**: Überprüfen Sie regelmäßig die Performance des Portfolios und vergleichen Sie sie mit der Ziel-Asset-Allokation. Wenn bestimmte Anlageklassen deutlich von ihren Zielgewichten abweichen, ist es möglicherweise an der Zeit, sie neu auszubalancieren.

3. **Vermögenswerte neu verteilen**: Kaufen oder verkaufen Sie Vermögenswerte nach Bedarf, um das Portfolio wieder auf die Zielverteilung zu bringen. Dies kann den Verkauf von Vermögenswerten beinhalten, die an Wert gewonnen haben, und den Kauf von Vermögenswerten, die unterdurchschnittlich abgeschnitten haben.
4. **Steuerliche Auswirkungen berücksichtigen**: Denken Sie beim Umschichten eines Portfolios an die steuerlichen Auswirkungen, insbesondere bei steuerpflichtigen Konten. Der Verkauf von Vermögenswerten mit Wertsteigerung kann Kapitalertragssteuern auslösen, während der Kauf zusätzlicher Vermögenswerte ebenfalls steuerliche Konsequenzen haben kann.

Häufigkeit der Neugewichtung

Die Häufigkeit der Portfolioumstrukturierung hängt von individuellen Präferenzen, Marktbedingungen und Anlagezielen ab. Zu den üblichen Umstrukturierungsstrategien gehören:

- **Jährliche Neugewichtung**: Balancieren Sie das Portfolio einmal jährlich an einem festgelegten Datum neu aus, beispielsweise am Jahrestag der Portfolioerstellung oder am Ende des Geschäftsjahres.
- **Schwellenwert-Neugewichtung**: Balancieren Sie das Portfolio neu, wenn die Vermögensallokation um einen bestimmten Prozentsatz von ihren Zielgewichten abweicht, der durch vordefinierte Neugewichtungsschwellenwerte bestimmt wird.
- **Schwellenwert- und Kalenderneugewichtung**: Kombinieren Sie sowohl die schwellenwert- als auch die kalenderbasierte Neugewichtung, indem Sie spezifische Neugewichtungsschwellenwerte festlegen und das Portfolio außerdem jährlich neugewichten, unabhängig davon, ob die Schwellenwerte erreicht werden.

Vorteile der Portfolioneugewichtung

1. **Behält die Vermögensallokation bei**: Durch die Neugewichtung wird sichergestellt, dass das Portfolio die gewünschte Vermögensallokation beibehält und eine zu starke Gewichtung auf eine bestimmte Anlageklasse oder einen bestimmten Sektor verhindert wird.
2. **Kontrolliert das Risiko**: Durch regelmäßiges Rebalancing können Anleger das Risiko kontrollieren und verhindern, dass ihre Portfolios in Bullenmärkten zu riskant oder in Bärenmärkten zu konservativ werden.
3. **Gewinnsicherung**: Durch den Verkauf von Vermögenswerten, die während der Neugewichtung an Wert gewonnen haben, können Anleger Gewinne sichern und Profite erzielen, während der Kauf von Vermögenswerten, die eine Underperformance gezeigt haben, Chancen für zukünftiges Wachstum bieten kann.
4. **Disziplin und Strategie**: Durch die Neugewichtung werden Disziplin und die Einhaltung der Anlagestrategie gefördert, sodass Anleger emotionale Entscheidungen vermeiden

und sich auf langfristige Ziele konzentrieren können.

Risikomanagement bei der Portfoliokonstruktion

Das Risikomanagement ist ein wesentlicher Aspekt der Portfoliokonstruktion. Es zielt darauf ab, verschiedene Arten von Risiken zu identifizieren, zu bewerten und zu mindern, die sich auf die Anlagerendite auswirken könnten. Hier sind einige wichtige Grundsätze des Risikomanagements bei der Portfoliokonstruktion:

Arten von Anlagerisiken

1. **Marktrisiko**: Das Risiko von Verlusten aufgrund von Änderungen der Marktbedingungen, wie etwa Konjunkturabschwüngen, Zinsschwankungen und geopolitischen Ereignissen.
2. **Kreditrisiko**: Das Risiko von Verlusten aufgrund des Zahlungsausfalls oder der

Kreditwürdigkeit von Emittenten von Anleihen oder anderen festverzinslichen Wertpapieren.
3. **Liquiditätsrisiko**: Das Risiko, aufgrund unzureichender Marktliquidität Vermögenswerte nicht zum gewünschten Preis oder in der gewünschten Menge kaufen oder verkaufen zu können.
4. **Inflationsrisiko**: Das Risiko, dass die Inflation im Laufe der Zeit die Kaufkraft der Anlageerträge untergräbt und so die Realrendite verringert.
5. **Währungsrisiko**: Das Risiko von Verlusten aufgrund von Wechselkursschwankungen bei Anlagen in Fremdwährungen.
6. **Konzentrationsrisiko**: Das Risiko von Verlusten aufgrund einer Überbelastung mit einem einzelnen Vermögenswert, Sektor oder einer geografischen Region.

Risikomanagementstrategien

1. **Diversifikation**: Durch Diversifizierung über verschiedene Anlageklassen, Sektoren und

geografische Regionen kann das Portfoliorisiko durch die Streuung der Exposition gegenüber verschiedenen Risikoquellen reduziert werden.

2. **Vermögensverteilung**: Die Verteilung von Vermögenswerten auf der Grundlage der Risikobereitschaft und der Anlageziele kann durch die Ausbalancierung der Exposition gegenüber verschiedenen Risikofaktoren zum Risikomanagement beitragen.

3. **Einsatz von Derivaten**: Derivate wie Optionen, Futures und Swaps können zur Absicherung gegen bestimmte Risiken, wie etwa Marktrisiken oder Währungsrisiken, eingesetzt werden.

4. **Stop-Loss-Orders**: Die Implementierung von Stop-Loss-Orders kann zur Verlustbegrenzung beitragen, indem ein Wertpapier automatisch verkauft wird, wenn sein Preis unter ein vorher festgelegtes Niveau fällt.

5. **Stresstests**: Die Durchführung von Stresstests zur Beurteilung der Entwicklung des Portfolios unter widrigen Marktbedingungen kann bei der Erkennung potenzieller

Schwachstellen helfen und fundierte Entscheidungen zum Risikomanagement ermöglichen.

6. **Überwachung und Überprüfung**: Die regelmäßige Überwachung der Portfolio-Performance und die Durchführung periodischer Überprüfungen können dabei helfen, neu auftretende Risiken zu erkennen und das Portfolio entsprechend anzupassen.

Verhaltensbezogene Überlegungen

1. **Überheblichkeitsverzerrung**: Anleger können eine Überheblichkeitsverzerrung aufweisen, die dazu führt, dass sie Risiken unterschätzen und potenzielle Erträge überschätzen. Das Erkennen und Abmildern von Überheblichkeit kann Anlegern helfen, fundiertere und rationalere Entscheidungen zu treffen.
2. **Verlustaversion**: Anleger reagieren tendenziell empfindlicher auf Verluste als auf Gewinne, was dazu führt, dass sie Risiken vermeiden, die zu Verlusten führen könnten. Das

Verständnis der Verlustaversion kann Anlegern helfen, bei der Portfoliokonstruktion ein Gleichgewicht zwischen Risiko und Rendite zu finden.

3. **Herdenverhalten**: Anleger können Herdenverhalten zeigen, der Masse folgen und ihre eigene Analyse und ihr Urteilsvermögen außer Acht lassen. Die Vermeidung von Herdenverhalten kann Anlegern helfen, Disziplin und Unabhängigkeit bei der Portfoliokonstruktion zu bewahren.

Fallstudie: Moderne Portfoliotheorie

Die Moderne Portfoliotheorie (MPT), die in den 1950er Jahren von Harry Markowitz entwickelt wurde, ist ein Rahmenwerk zur Optimierung der Portfoliorendite bei gleichzeitiger Risikominimierung. Die MPT betont Diversifizierung und Vermögensallokation als Schlüsselfaktoren für die Portfolioperformance. Durch die Zusammenstellung von Portfolios, die die erwartete Rendite bei einem bestimmten Risikoniveau maximieren, können Anleger effiziente Portfolios entlang der „Effizienzgrenze" erzielen, die den bestmöglichen Kompromiss zwischen Risiko und Rendite darstellen.

MPT führt das Konzept des Capital Asset Pricing Model (CAPM) ein, das die Beziehung zwischen Risiko und Rendite quantifiziert, indem es die erwartete Rendite eines Wertpapiers im Verhältnis zu seinem Beta oder systematischen Risiko misst. Die CAPM-Gleichung hilft Anlegern, die erwartete Rendite eines einzelnen Wertpapiers oder Portfolios basierend auf seinem Risikoniveau und der risikofreien Rendite zu bestimmen.

Anwendung in der Praxis

In der Praxis können Anleger die MPT-Prinzipien anwenden, indem sie diversifizierte Portfolios über verschiedene Anlageklassen wie Aktien, Anleihen und Bargeld aufbauen, basierend auf ihrer Risikobereitschaft und ihren Anlagezielen. Indem sie Vermögenswerte nach den MPT-Prinzipien zuordnen und das Portfolio regelmäßig neu ausbalancieren, um die gewünschte Vermögensallokation beizubehalten, können Anleger langfristig optimale risikobereinigte Renditen erzielen.

Der Aufbau eines starken Portfolios ist für den langfristigen Erfolg an der Börse unerlässlich. Durch sorgfältige Berücksichtigung der Vermögensallokation, Diversifizierung, Portfolioneugewichtung und des Risikomanagements können Anleger Portfolios zusammenstellen, die ihren finanziellen Zielen, ihrer Risikobereitschaft und ihrem Zeithorizont entsprechen. Ob Sie nun Vermögensaufbau, Einkommensgenerierung oder Kapitalerhaltung anstreben, ein gut aufgebautes Portfolio bildet die Grundlage für langfristigen Vermögensaufbau und finanzielle Sicherheit.

Kapitel 9: Die Rolle von Dividenden beim Vermögensaufbau

Dividenden spielen für Anleger an der Börse eine entscheidende Rolle beim Vermögensaufbau. Während für viele Anleger oft die Kapitalvermehrung im Vordergrund steht, bieten Dividenden eine stetige Einkommensquelle und können erheblich zum langfristigen Portfoliowachstum beitragen. In diesem Kapitel werden wir die wesentlichen Aspekte von Dividenden untersuchen, darunter ihre Vorteile, Strategien für Dividendeninvestitionen und Überlegungen zum Aufbau eines dividendenorientierten Portfolios.

Dividenden verstehen

Dividenden sind Zahlungen, die Unternehmen aus ihren Gewinnen oder Bilanzgewinnen an ihre Aktionäre leisten. Sie werden in der Regel regelmäßig ausgeschüttet, entweder vierteljährlich, halbjährlich oder jährlich, und stellen einen Teil der Unternehmensgewinne dar, der an die Anleger ausgeschüttet wird. Hier sind die wichtigsten Bestandteile von Dividenden:

Arten von Dividenden

1. **Bardividende**: Die häufigste Dividendenart wird den Aktionären in bar entsprechend der Anzahl der von ihnen gehaltenen Aktien ausgezahlt.
2. **Aktiendividenden**: Dividenden, die in Form von zusätzlichen Aktien des Unternehmens und nicht in bar ausgezahlt werden. Aktiendividenden werden häufig verwendet, wenn Bargeld knapp ist oder wenn das Unternehmen seine Aktionäre belohnen möchte, ohne seine Barreserven zu beeinträchtigen.
3. **Sonderdividenden**: Einmalige oder unregelmäßige Dividenden, die zusätzlich zu den regulären Dividenden gezahlt werden, normalerweise wenn das Unternehmen außergewöhnliche Gewinne erzielt oder

überschüssige Barmittel an die Aktionäre ausschütten möchte.

Vorteile von Dividenden

1. **Stabiles Einkommen**: Dividenden bieten Anlegern eine vorhersehbare Einnahmequelle und sind daher besonders für Rentner oder Personen auf der Suche nach einem passiven Einkommen attraktiv.
2. **Langfristiges Wachstum**: Die Reinvestition von Dividenden kann das Portfoliowachstum durch den Zinseszinseffekt beschleunigen, da Dividenden zum Kauf zusätzlicher Aktien verwendet werden, die dann mehr Dividenden generieren.
3. **Inflationsschutz**: Dividenden boten in der Vergangenheit einen Schutz gegen die Inflation, da Unternehmen dazu neigten, ihre Dividenden im Laufe der Zeit zu erhöhen, um mit den steigenden Preisen Schritt zu halten.
4. **Geringere Volatilität**: Dividendenzahlende Aktien weisen im Vergleich zu nicht dividendenzahlenden Aktien

häufig eine geringere Volatilität auf, da Dividenden bei Marktabschwüngen und wirtschaftlicher Unsicherheit einen Puffer bieten.

Dividendenrendite

Die Dividendenrendite ist eine wichtige Kennzahl zur Bewertung des Ertrags, den eine dividendenzahlende Aktie im Verhältnis zu ihrem Aktienkurs erwirtschaftet. Sie wird berechnet, indem die jährliche Dividende pro Aktie durch den aktuellen Kurs der Aktie geteilt wird, und als Prozentsatz ausgedrückt. Eine höhere Dividendenrendite weist auf einen höheren Ertrag im Verhältnis zum Aktienkurs hin.

Strategien für Dividendeninvestitionen

Bei Dividendeninvestitionen geht es darum, Aktien mit attraktiven Dividendenrenditen, nachhaltigem Dividendenwachstum und starken

Fundamentaldaten auszuwählen. Hier sind einige Strategien für Dividendeninvestitionen:

Dividendenwachstumsinvestitionen

Bei Investitionen in Dividendenwachstum liegt der Schwerpunkt auf der Auswahl von Unternehmen, die ihre Dividenden im Laufe der Zeit kontinuierlich erhöht haben. Diese Unternehmen verfügen in der Regel über starke Cashflows, stabile Erträge und die Verpflichtung, den Aktionären Kapital zurückzugeben. Durch Investitionen in dividendenwachstumsstarke Aktien können Anleger sowohl vom aktuellen als auch vom zukünftigen Einkommenswachstum profitieren.

Investieren mit hoher Dividendenrendite

Bei Investitionen in hohe Dividendenrenditen werden Aktien mit überdurchschnittlichen Dividendenrenditen im Vergleich zum Markt oder Sektor ausgewählt. Hohe Dividendenrenditen können zwar attraktiv sein,

Anleger müssen jedoch auch die Nachhaltigkeit der Dividenden und die zugrunde liegenden Fundamentaldaten des Unternehmens berücksichtigen. Hohe Dividendenrenditen können manchmal auf finanzielle Schwierigkeiten oder eine nicht nachhaltige Ausschüttungsquote hinweisen.

Dividenden-Reinvestitionspläne (DRIPs)

Dividenden-Reinvestitionspläne ermöglichen es Anlegern, ihre Dividenden automatisch in zusätzliche Aktien desselben Unternehmens zu reinvestieren, ohne dass Maklergebühren anfallen. DRIPs können die Dividendenverzinsung im Laufe der Zeit beschleunigen, was zu einem schnelleren Portfoliowachstum führt. Viele Unternehmen bieten DRIPs direkt ihren Aktionären an, während einige Maklerfirmen auch DRIP-Dienste anbieten.

Sektor- und Branchenfokus

Bestimmte Sektoren und Branchen sind für ihre dividendenzahlenden Aktien bekannt, wie etwa Versorgungsunternehmen, Konsumgüter und Real Estate Investment Trusts (REITs). Anleger können sich auf bestimmte Sektoren oder Branchen konzentrieren, die für ihre stabilen Cashflows und ihre Fähigkeit zur Dividendenausschüttung bekannt sind.

Überlegungen zum Aufbau eines dividendenorientierten Portfolios

Der Aufbau eines dividendenorientierten Portfolios erfordert die sorgfältige Berücksichtigung verschiedener Faktoren, darunter Dividendenrendite, Dividendenwachstum, Sektordiversifizierung und Risikomanagement. Hier sind einige wichtige Überlegungen:

Qualität der Dividenden

Konzentrieren Sie sich auf Unternehmen mit einer Historie konstanter Dividendenzahlungen, nachhaltiger Ausschüttungsquote und starken Fundamentaldaten. Vermeiden Sie Unternehmen mit hoher Verschuldung, unregelmäßigen Erträgen oder nicht nachhaltiger Dividendenpolitik.

Diversifikation

Diversifizieren Sie über verschiedene Sektoren, Branchen und geografische Regionen, um das Risiko zu streuen und die Konzentration zu verringern. Vermeiden Sie eine Überbelastung eines einzelnen Sektors oder einer einzelnen Branche, da Konjunkturabschwünge oder sektorspezifische Risiken die Dividendeneinnahmen beeinträchtigen könnten.

Reinvestitionsstrategie

Überlegen Sie, ob Sie Dividenden in zusätzliche Aktien desselben Unternehmens reinvestieren (DRIP) oder Dividenden zum Kauf von Aktien anderer dividendenzahlender Unternehmen verwenden möchten. Bewerten Sie die möglichen Auswirkungen der Dividendenreinvestition auf Portfoliowachstum und -ertrag.

Steuerliche Aspekte

Informieren Sie sich über die steuerlichen Auswirkungen von Dividendeneinkünften, einschließlich qualifizierter und nicht qualifizierter Dividenden und Steuersätze für Dividendeneinkünfte. Erwägen Sie steuereffiziente Strategien, wie das Halten dividendenzahlender Aktien in steuerbegünstigten Konten wie IRAs oder 401(k)s.

Risikomanagement

Beobachten Sie die Nachhaltigkeit von Dividenden, Änderungen der Unternehmensgrundlagen und wirtschaftliche Bedingungen, die sich auf die Fähigkeit zur Dividendenausschüttung auswirken könnten. Seien Sie bereit, das Portfolio bei Bedarf anzupassen, um ein Gleichgewicht zwischen Einkommens- und Wachstumszielen aufrechtzuerhalten.

Fallstudie: Dividendenaristokraten

Dividendenaristokraten sind Unternehmen im S&P 500-Index, die ihre Dividenden mindestens 25 Jahre in Folge kontinuierlich erhöht haben. Diese Unternehmen gelten als zuverlässige Dividendenzahler mit einer Erfolgsbilanz bei Dividendenwachstum über verschiedene Marktzyklen hinweg. Beispiele für Dividendenaristokraten sind Unternehmen wie Johnson & Johnson, Procter & Gamble und Coca-Cola.

Anwendung in der Praxis

Anleger können ein dividendenorientiertes Portfolio aufbauen, indem sie Dividendenaristokraten oder andere hochwertige dividendenzahlende Aktien aus verschiedenen Sektoren und Branchen auswählen. Durch die

Kombination von dividendenstarken Aktien mit Aktien mit hoher Dividendenrendite und einer disziplinierten Reinvestitionsstrategie können Anleger ein diversifiziertes Portfolio aufbauen, das konstante Erträge und langfristiges Wachstumspotenzial generiert.

Dividenden spielen für Anleger an der Börse eine entscheidende Rolle beim Vermögensaufbau, da sie einen stetigen Einkommensstrom bieten und zum langfristigen Portfoliowachstum beitragen. Indem sie die Vorteile von Dividenden verstehen, Dividenden-Anlagestrategien anwenden und wichtige Überlegungen zum Aufbau eines dividendenorientierten Portfolios berücksichtigen, können Anleger die Macht der Dividenden nutzen, um ihre finanziellen Ziele zu erreichen und langfristigen Wohlstand aufzubauen. Ob sie nun passives Einkommen, Portfoliowachstum oder eine Kombination aus beidem anstreben, Dividenden bieten Anlegern ein wirksames Mittel, um Renditen zu erzielen und im Laufe der Zeit finanzielle Sicherheit zu erreichen.

Kapitel 10: Die Psychologie des Investierens

Das Verständnis der Psychologie des Investierens ist entscheidend, um sich erfolgreich an der Börse zurechtzufinden und langfristig Vermögen aufzubauen. Das Verhalten von Anlegern wird von einer Reihe psychologischer Faktoren beeinflusst, darunter Emotionen, Vorurteile und kognitive Fehler, die sich auf die Entscheidungsfindung und die Anlageergebnisse auswirken können. In diesem Kapitel werden wir uns mit den wichtigsten Aspekten der Anlegerpsychologie befassen, häufige Vorurteile und Fallstricke untersuchen und Strategien zur Überwindung psychologischer Barrieren diskutieren, um langfristig erfolgreich am Markt zu sein.

Die Rolle der Psychologie beim Investieren

Investieren ist sowohl eine psychologische als auch eine analytische Angelegenheit. Emotionen wie Angst, Gier und Selbstüberschätzung können das Urteilsvermögen trüben und zu irrationalen Entscheidungen führen. Wenn Anleger verstehen, wie Psychologie das Anlageverhalten beeinflusst, können sie fundiertere und rationalere Entscheidungen treffen. Hier sind einige wichtige psychologische Faktoren, die das Anlegerverhalten beeinflussen:

Angst und Gier

Angst und Gier sind zwei starke Emotionen, die das Verhalten von Anlegern an der Börse bestimmen. Angst vor Verlusten kann dazu führen, dass Anleger bei Marktabschwüngen in Panik verkaufen, während Gier dazu führen kann, dass sie ohne die nötige Sorgfalt nach begehrten Aktien oder spekulativen Investitionen suchen. Für erfolgreiches Investieren ist es entscheidend, diese Emotionen auszubalancieren und emotionale Disziplin aufrechtzuerhalten.

Selbstüberschätzung

Der Overconfidence Bias liegt vor, wenn Anleger ihre Fähigkeiten überschätzen und Risiken unterschätzen, was dazu führt, dass sie übermäßige Risiken eingehen oder spekulative Investitionen tätigen. Übermütige Anleger handeln möglicherweise häufiger, ignorieren Diversifizierungsprinzipien und schätzen die Abwärtsrisiken ihrer Investitionen nicht ausreichend ein.

Bestätigungsfehler

Bestätigungsfehler ist die Tendenz, nach Informationen zu suchen, die bereits bestehende Überzeugungen oder Meinungen bestätigen, während widersprüchliche Beweise ignoriert werden. Anleger interpretieren Nachrichten und Informationen möglicherweise selektiv, um sie an ihre bestehenden Vorurteile anzupassen, was zu suboptimalen Entscheidungen und einem Versäumnis führt, alternative Standpunkte zu berücksichtigen.

Verlustaversion

Verlustaversion ist die Tendenz, Verluste lieber zu vermeiden als Gewinne zu erzielen. Dies führt dazu, dass Anleger zu lange an Verlustanlagen festhalten, in der Hoffnung, Verluste wieder auszugleichen. Diese Zurückhaltung bei der Realisierung von Verlusten kann Anleger daran hindern, ihre Portfolios neu auszubalancieren oder ihre Verluste zu begrenzen, was im Laufe der Zeit zu weiteren Verlusten führt.

Hüteverhalten

Herdenverhalten tritt auf, wenn Anleger der Masse folgen und ihre Anlageentscheidungen auf den Handlungen anderer basieren, anstatt auf ihren eigenen Analysen und Urteilen. Herdenverhalten kann zu Marktblasen und -crashs führen, da Anleger in beliebte Anlagen investieren, ohne die zugrunde liegenden Fundamentaldaten oder Bewertungen zu berücksichtigen.

Häufige Vorurteile und kognitive Fehler

Anleger sind anfällig für eine Reihe von Vorurteilen und kognitiven Fehlern, die das Urteilsvermögen verzerren und zu suboptimalen Entscheidungen führen können. Das Erkennen dieser Vorurteile und Fehler ist der erste Schritt zu ihrer Überwindung. Hier sind einige häufige Vorurteile und kognitive Fehler beim Investieren:

Ankereffekt

Der Ankereffekt tritt auf, wenn sich Anleger auf eine bestimmte Information oder einen Bezugspunkt fixieren, beispielsweise den Preis, den sie für eine Aktie bezahlt haben, und diesen als Grundlage für ihre späteren Entscheidungen verwenden. Der Ankereffekt kann dazu führen, dass Anleger die Bedeutung früherer Preise überbewerten und neue Informationen ignorieren, die ihrem Ankereffekt widersprechen.

Verfügbarkeitsheuristik

Die Verfügbarkeitsheuristik ist die Tendenz, sich bei Entscheidungen auf leicht verfügbare Informationen zu verlassen, anstatt nach umfassenderen oder genaueren Informationen zu suchen. Anleger reagieren möglicherweise auf aktuelle Nachrichten oder Ereignisse überreagieren, was zu kurzfristigen Marktschwankungen führt, die in keinem Verhältnis zu ihren langfristigen Auswirkungen stehen.

Der Irrtum des Spielers

Der Spielertrugschluss ist der Glaube, dass vergangene Ergebnisse zukünftige Ergebnisse bei zufälligen Ereignissen wie Münzwürfen oder Börsenbewegungen beeinflussen. Anleger können fälschlicherweise glauben, dass die vergangene Performance einer Aktie ihre zukünftige Performance vorhersagt, was zu falschen Anlageentscheidungen auf der Grundlage historischer Muster führt.

Aktualitätsverzerrung

Der Recency Bias ist die Tendenz, bei Entscheidungen jüngeren Ereignissen oder Informationen mehr Gewicht beizumessen und ältere Informationen außer Acht zu lassen. Anleger extrapolieren möglicherweise jüngste Markttrends in die Zukunft und gehen dabei davon aus, dass die aktuellen Bedingungen auf unbestimmte Zeit bestehen bleiben. Dies kann zu einer Überreaktion auf kurzfristige Marktschwankungen führen.

Irrtum über versunkene Kosten

Der Sunk-Cost-Fehlschluss ist die Tendenz, aufgrund der bereits investierten Zeit, des bereits investierten Geldes oder der bereits investierten Anstrengungen weiter in eine Verlustposition oder ein Verlustprojekt zu investieren, anstatt die Aussichten auf zukünftige Erträge objektiv zu beurteilen. Anleger halten möglicherweise an Verlustinvestitionen fest, in der Hoffnung, ihre Verluste wieder auszugleichen, selbst wenn klar ist, dass sich die Anlagethese verschlechtert hat.

Strategien zur Überwindung psychologischer Barrieren

Um psychologische Barrieren beim Investieren zu überwinden, sind Selbsterkenntnis, Disziplin und ein systematischer Ansatz bei der Entscheidungsfindung erforderlich. Hier sind einige Strategien zur Überwindung gängiger psychologischer Vorurteile und Fallstricke:

Entwickeln Sie einen schriftlichen Investitionsplan

Die Erstellung eines schriftlichen Anlageplans mit klaren Zielen, Risikotoleranz und Zielvorgaben für die Vermögensallokation kann Anlegern dabei helfen, ihre langfristigen Ziele im Auge zu behalten und impulsive

Entscheidungen aufgrund von Emotionen oder kurzfristigen Marktschwankungen zu vermeiden.

Üben Sie emotionale Disziplin

Emotionale Disziplin ist für erfolgreiches Investieren unerlässlich. Indem sie Emotionen wie Angst, Gier und Selbstüberschätzung erkennen und steuern, können Anleger rationalere und fundiertere Entscheidungen treffen. Techniken wie Achtsamkeitsmeditation oder Tagebuchschreiben können Anlegern dabei helfen, emotionale Disziplin und Selbstbewusstsein zu entwickeln.

Führen Sie gründliche Recherchen durch

Um fundierte Anlageentscheidungen treffen zu können, sind gründliche Recherche und Due Diligence von entscheidender Bedeutung. Anleger sollten verschiedene Informationsquellen nutzen, alternative Sichtweisen in Betracht ziehen und die grundlegenden Faktoren, die

Anlagemöglichkeiten bestimmen, sorgfältig prüfen, bevor sie Kauf- oder Verkaufsentscheidungen treffen.

Diversifizieren Sie Ihr Portfolio

Diversifikation ist eine der effektivsten Möglichkeiten, Risiken zu mindern und die Auswirkungen einzelner Anlageentscheidungen auf die Gesamtperformance eines Portfolios zu reduzieren. Durch die Streuung von Investitionen auf verschiedene Anlageklassen, Sektoren und geografische Regionen können sich Anleger vor den spezifischen Risiken einzelner Aktien oder Sektoren schützen.

Bleiben Sie informiert, aber vermeiden Sie Überreaktionen

Es ist wichtig, über Marktnachrichten und -entwicklungen informiert zu bleiben, aber Anleger sollten es vermeiden, auf kurzfristige Schwankungen oder Marktgeräusche überzureagieren. Eine langfristige Perspektive und die Konzentration auf die Grundlagen von Investitionen können Anlegern helfen, reflexartige Reaktionen zu vermeiden und rationalere Entscheidungen zu treffen.

Fallstudie: Warren Buffett

Warren Buffett, der legendäre Investor und CEO von Berkshire Hathaway, ist bekannt für seinen disziplinierten Anlageansatz und seine Fähigkeit, psychologische Barrieren zu überwinden. Buffett rät Anlegern, ängstlich zu sein, wenn andere gierig sind, und gierig zu sein, wenn andere ängstlich sind. Er betont die Bedeutung emotionaler Disziplin und konträren Denkens für erfolgreiches Investieren.

Anwendung in der Praxis

Anleger können von Warren Buffetts Ansatz lernen, indem sie sich auf die langfristigen Grundlagen von Investitionen konzentrieren, bei Marktvolatilität emotionale Disziplin bewahren und vermeiden, der Herdenmentalität oder kurzfristigen Spekulation zu erliegen. Indem sie Buffetts Prinzipien des Value Investing und der Geduld folgen, können Anleger im Laufe der Zeit stetig Vermögen aufbauen.

Die Psychologie des Investierens spielt eine entscheidende Rolle bei der Gestaltung des Anlegerverhaltens und der Beeinflussung der Anlageergebnisse. Durch das Verständnis der psychologischen Faktoren, die Anlageentscheidungen beeinflussen, das Erkennen gängiger Vorurteile und Fallstricke und die Umsetzung von Strategien zur Überwindung psychologischer Barrieren können Anleger ihre Entscheidungsfindung verbessern und ihre Chancen auf langfristigen Erfolg an der Börse erhöhen. Ob es darum geht, Angst und Gier zu bewältigen, kognitive Fehler zu vermeiden oder angesichts der Marktvolatilität diszipliniert zu bleiben – die Beherrschung der Psychologie des Investierens ist für das Erreichen von langfristigem Wohlstand und finanzieller Sicherheit von entscheidender Bedeutung.

Kapitel 11: Sich in Bullen- und Bärenmärkten zurechtfinden

Bullen- und Bärenmärkte sind zwei grundlegende Phasen, die das Auf und Ab der Börse kennzeichnen. Für Anleger, die langfristig Vermögen aufbauen möchten, ist es wichtig zu verstehen, wie man diese Marktzyklen meistert. In diesem Kapitel untersuchen wir die Merkmale von Bullen- und Bärenmärkten, Strategien für Investitionen in beide Phasen sowie Taktiken zum Risikomanagement und zur Maximierung der Rendite in beiden Umgebungen.

Bullen- und Bärenmärkte verstehen

Bullen- und Bärenmärkte repräsentieren Perioden des Optimismus bzw. Pessimismus an der Börse. Während Bullenmärkte durch steigende Aktienkurse und Optimismus der Anleger gekennzeichnet sind, zeichnen sich Bärenmärkte durch fallende Kurse und

Pessimismus der Anleger aus. Hier ist ein Überblick über beide:

Bullenmärkte

- **Merkmale**: Bullenmärkte sind durch steigende Aktienkurse, starkes Anlegervertrauen und wirtschaftliches Wachstum gekennzeichnet. Sie werden in der Regel durch positive Wirtschaftsindikatoren wie robustes BIP-Wachstum, niedrige Arbeitslosigkeit und starke Unternehmensgewinne angetrieben.
- **Dauer**: Bullenmärkte können Monate oder sogar Jahre andauern, angetrieben von anhaltendem Optimismus und Kaufdruck der Anleger.
- **Anlegerverhalten**: Während Bullenmärkten neigen Anleger dazu, Vertrauen und Optimismus zu zeigen, was zu einer erhöhten Risikobereitschaft und einer Konzentration auf wachstumsorientierte Investitionen führt.
- **Beispiele**: Der Bullenmarkt der 1990er Jahre, der durch den Dotcom-Boom angeheizt

wurde, und der jüngste Bullenmarkt nach der globalen Finanzkrise von 2008-2009 sind bemerkenswerte Beispiele für anhaltende Phasen des Marktoptimismus und -wachstums.

Bärenmärkte

- **Merkmale**: Bärenmärkte sind durch fallende Aktienkurse, Pessimismus der Anleger und einen wirtschaftlichen Abschwung gekennzeichnet. Sie werden typischerweise durch negative Wirtschaftsindikatoren wie Rezessionsbedingungen, steigende Arbeitslosigkeit und sinkende Unternehmensgewinne ausgelöst.
- **Dauer**: Bärenmärkte können unterschiedlich lange dauern, sind aber im Allgemeinen kürzer als Bullenmärkte. Sie können jedoch intensiver sein und zu erheblichen Portfolioverlusten führen.
- **Anlegerverhalten**: Während Bärenmärkten neigen Anleger dazu, Angst und Vorsicht zu zeigen, was zu Risikoaversion und einem Fokus auf die Kapitalerhaltung führt. Die

Marktstimmung wird negativ und der Verkaufsdruck verstärkt sich.
- **Beispiele**: Der Bärenmarkt von 2008–2009, der durch die globale Finanzkrise ausgelöst wurde, und der Bärenmarkt von 2020, der durch die COVID-19-Pandemie ausgelöst wurde, sind aktuelle Beispiele für Phasen von Markteinbrüchen und Pessimismus unter den Anlegern.

Strategien für Investitionen in Bullenmärkte

Bullenmärkte bieten Anlegern die Möglichkeit, von steigenden Aktienkursen und wirtschaftlichem Wachstum zu profitieren. Hier sind einige Strategien für Investitionen in Bullenmärkte:

Wachstumsinvestitionen

Beim Wachstumsinvestieren geht es darum, Unternehmen mit starkem Gewinnwachstumspotenzial und hohen

Wachstumsaussichten zu identifizieren. Investoren suchen nach Unternehmen mit innovativen Produkten oder Dienstleistungen, wachsenden Marktanteilen und Wettbewerbsvorteilen.

Sektorrotation

Bei der Sektorrotation werden Investitionen in Sektoren verlagert, von denen erwartet wird, dass sie in Zeiten wirtschaftlicher Expansion eine überdurchschnittliche Performance erzielen. Zyklische Sektoren wie Technologie, Konsumgüter und Industrie entwickeln sich in Bullenmärkten tendenziell gut, da sie von erhöhten Verbraucherausgaben und Unternehmensinvestitionen profitieren.

Momentum-Handel

Beim Momentum-Trading werden Aktien gekauft, die eine starke Kursdynamik gezeigt haben, und solche verkauft, die unterdurchschnittlich abgeschnitten haben.

Momentum-Trader zielen darauf ab, Trends und Marktdynamik auszunutzen und die Welle steigender Aktienkurse während Bullenmärkten zu reiten.

Kaufen und behalten

Beim „Buy and Hold"-Ansatz werden qualitativ hochwertige Aktien mit starken Fundamentaldaten gekauft und langfristig gehalten. Anleger konzentrieren sich auf Unternehmen mit nachhaltigen Wettbewerbsvorteilen, soliden Bilanzen und stetigem Gewinnwachstum.

Strategien für Investitionen in Bärenmärkte

Bärenmärkte stellen für Anleger eine Herausforderung dar, bieten aber auch Chancen für diejenigen, die vorbereitet sind. Hier sind einige Strategien für Investitionen in Bärenmärkte:

Defensive Aktien

Defensive Aktien sind Unternehmen, die aufgrund ihrer Geschäftstätigkeit in Konjunkturabschwüngen tendenziell gut abschneiden. Beispiele hierfür sind Konsumgüter, Gesundheitswesen und Versorgungsunternehmen, die wichtige Produkte und Dienstleistungen anbieten, die weniger empfindlich auf Veränderungen der wirtschaftlichen Bedingungen reagieren.

Dividendeninvestitionen

Bei Dividendeninvestitionen liegt der Schwerpunkt auf der Auswahl von Aktien mit stabilen Dividenden und starkem Dividendenwachstumspotenzial. Dividendenzahlende Aktien können in Baisse-Zeiten eine Einkommensquelle und Stabilität bieten und Anlegern helfen, die Marktvolatilität zu überstehen.

Wertorientiertes Investieren

Beim Value Investing geht es darum, unterbewertete Aktien zu identifizieren, die unter ihrem inneren Wert gehandelt werden, und darauf zu warten, dass der Markt ihren wahren Wert erkennt. Value-Investoren konzentrieren sich auf Unternehmen mit starken Fundamentaldaten, niedrigen Bewertungskennzahlen und einer Sicherheitsmarge.

Defensive Vermögensallokation

Bei der defensiven Vermögensallokation werden Investitionen in Baisse-Märkte in sicherere Vermögenswerte wie Anleihen, Bargeld und Gold umgeschichtet, um das Kapital zu schützen und die Volatilität des Portfolios zu reduzieren. Anleger können auch alternative Anlagen wie Real Estate Investment Trusts (REITs) oder Edelmetalle als Absicherung gegen Marktrückgänge in Betracht ziehen.

Risikomanagement in Bullen- und Bärenmärkten

Risikomanagement ist für das erfolgreiche Navigieren in Bullen- und Bärenmärkten unerlässlich. Hier sind einige Risikomanagementstrategien, die Sie berücksichtigen sollten:

Diversifikation

Diversifikation ist eine der effektivsten Möglichkeiten, das Risiko eines Portfolios zu steuern. Durch die Streuung der Investitionen auf verschiedene Anlageklassen, Sektoren und geografische Regionen können Anleger die Auswirkungen einzelner Aktien oder sektorspezifischer Risiken reduzieren.

Stop-Loss-Aufträge

Stop-Loss-Orders können Anlegern helfen, Verluste zu begrenzen, indem sie ein Wertpapier automatisch verkaufen, wenn sein Preis unter ein vorher festgelegtes Niveau fällt. Stop-Loss-Orders können insbesondere in Baisse-Zeiten nützlich sein, um vor weiteren Kursrückgängen zu schützen.

Neugewichtung

Bei der Portfolioneugewichtung wird die Vermögensallokation eines Portfolios regelmäßig wieder an die Zielgewichtung angepasst. Eine Neugewichtung kann Anlegern dabei helfen, ein ausgewogenes Risiko-Rendite-Profil beizubehalten und eine Übergewichtung einzelner Anlageklassen oder Sektoren zu vermeiden.

Dollar-Cost-Averaging

Beim Dollar-Cost-Averaging wird in regelmäßigen Abständen ein fester Geldbetrag investiert, unabhängig von den Marktbedingungen. Diese Strategie kann Anlegern helfen, die Auswirkungen der Marktvolatilität abzumildern, indem sie ihre

Käufe über einen längeren Zeitraum verteilen. In Baisse-Märkten können Anleger durch den Dollar-Cost-Averaging mehr Aktien zu niedrigeren Preisen kaufen, was den durchschnittlichen Preis pro Aktie langfristig senken kann.

Absicherungsstrategien

Beim Hedging werden Finanzinstrumente wie Optionen, Futures oder inverse börsengehandelte Fonds (ETFs) eingesetzt, um potenzielle Verluste in einem Portfolio auszugleichen. Hedging-Strategien können Anlegern helfen, sich in Baisse-Märkten vor Abwärtsrisiken zu schützen und ihnen gleichzeitig die Möglichkeit zu geben, in Bullen-Märkten an potenziellen Aufwärtsrisiken teilzuhaben.

Psychologische Überlegungen in Bullen- und Bärenmärkten

Die Anlegerpsychologie spielt eine wichtige Rolle dabei, wie Einzelpersonen Bullen- und

Bärenmärkte meistern. Hier sind einige psychologische Überlegungen, die Sie im Hinterkopf behalten sollten:

Gier und Angst

Gier und Angst sind zwei dominante Emotionen, die das Verhalten von Anlegern sowohl in Bullen- als auch in Bärenmärkten bestimmen. In Bullenmärkten können Anleger übermäßig optimistisch und gierig werden, was zu übermäßiger Risikobereitschaft führt. Umgekehrt kann Angst in Bärenmärkten dazu führen, dass Anleger in Panik verkaufen und ihre Anlagestrategien aufgeben.

Bestätigungsfehler

Bestätigungsfehler können die Art und Weise beeinflussen, wie Anleger Marktinformationen und Nachrichten sowohl in Bullen- als auch in Bärenmärkten interpretieren. Anleger suchen möglicherweise nach Informationen, die ihre bestehenden Überzeugungen bestätigen, was dazu führt, dass sie alternative Standpunkte oder neue Informationen, die ihren Ansichten widersprechen, nur ungern in Betracht ziehen.

Verlustaversion

Die Verlustaversion ist in Baisse-Märkten besonders ausgeprägt, da Anleger den Schmerz von Verlusten stärker spüren als die Freude über Gewinne. Diese Tendenz kann dazu führen, dass Anleger zu lange an Verlustinvestitionen festhalten, in der Hoffnung, ihre Verluste wieder auszugleichen, anstatt ihre Verluste zu begrenzen und ihr Kapital in vielversprechendere Gelegenheiten umzuschichten.

Hüteverhalten

Herdenverhalten ist sowohl in Bullen- als auch in Bärenmärkten weit verbreitet, da Anleger oft andere als Vorbilder für ihr Verhalten nehmen. In Bullenmärkten kann Herdenverhalten die Marktüberschwänglichkeit verstärken und zu

Spekulationsblasen führen. In Bärenmärkten kann Herdenverhalten den Verkaufsdruck erhöhen und Marktrückgänge verschärfen.

Fallstudie: Die Große Rezession

Die Große Rezession von 2008-2009 ist eine überzeugende Fallstudie darüber, wie Anleger einen schweren Bärenmarkt bewältigten. Ausgelöst durch die Subprime-Hypothekenkrise und den Zusammenbruch der Finanzmärkte führte die Große Rezession zu einem weltweiten Wirtschaftsabschwung und erheblichen Kursverlusten an den Aktienmärkten. Anleger, die diszipliniert blieben und an ihren Anlagestrategien festhielten, waren besser in der Lage, den Sturm zu überstehen und die Chancen zu nutzen, als sich die Märkte schließlich erholten.

Anwendung in der Praxis

Anleger können aus den Erfahrungen vergangener Marktzyklen, wie der Großen

Rezession, lernen, um ihre Entscheidungen in Bullen- und Bärenmärkten zu treffen. Durch das Verständnis der psychologischen Tendenzen, die das Anlegerverhalten beeinflussen, und die Umsetzung disziplinierter Anlagestrategien können Anleger Marktzyklen effektiver meistern und einen langfristigen Vermögensaufbau erzielen.

Um Bullen- und Bärenmärkte zu meistern, ist eine Kombination aus disziplinierten Anlagestrategien, Risikomanagementtechniken und einem Verständnis der Anlegerpsychologie erforderlich. Indem sie die Merkmale jeder Marktphase erkennen, geeignete Anlagestrategien umsetzen und psychologische Vorurteile im Griff haben, können sich Anleger so positionieren, dass sie langfristig an der Börse erfolgreich sind. Ob Sie nun Chancen während Bullenmärkten nutzen oder Ihr Kapital während Bärenmärkten bewahren möchten – ein proaktiver und disziplinierter Anlageansatz ist für den Aufbau langfristigen Vermögens und die Erlangung finanzieller Sicherheit unerlässlich.

Kapitel 12: Steuerumsetzung und Investitionskonten

Steuerliche Überlegungen sind ein wesentlicher Bestandteil erfolgreicher Investitionen in den Aktienmarkt, da sie die Anlagerendite und den gesamten Vermögensaufbau erheblich beeinflussen können. In diesem Kapitel werden wir uns mit den wesentlichen Aspekten der Steuerumsetzung und verschiedenen Anlagekonten befassen, die Anleger nutzen können, um ihre Steuereffizienz zu optimieren und die Rendite nach Steuern zu maximieren.

Steuerliche Auswirkungen von Investitionen an der Börse verstehen

Bevor Sie sich mit bestimmten Steuerstrategien und Anlagekonten befassen, ist es wichtig, die grundlegenden steuerlichen Auswirkungen von Investitionen an der Börse zu verstehen. Hier sind einige wichtige Konzepte, die Sie berücksichtigen sollten:

Kapitalertragsteuer

Die Kapitalertragsteuer ist eine Steuer, die auf den Gewinn erhoben wird, der durch den Verkauf einer Investition erzielt wird. Kapitalerträge können entweder kurzfristig (Vermögenswerte, die ein Jahr oder weniger gehalten werden) oder langfristig (Vermögenswerte, die länger als ein Jahr gehalten werden) sein, wobei für beide Arten unterschiedliche Steuersätze gelten. Langfristige Kapitalerträge werden im Allgemeinen niedriger besteuert als kurzfristige Kapitalerträge.

Dividendensteuer

Die Dividendensteuer ist eine Steuer, die auf Dividenden aus Investitionen wie Aktien und Investmentfonds erhoben wird. Dividenden können als qualifiziert oder nicht qualifiziert eingestuft werden, wobei qualifizierte Dividenden mit den niedrigeren Steuersätzen für langfristige Kapitalgewinne besteuert werden.

Nicht qualifizierte Dividenden werden mit dem normalen Einkommensteuersatz des Anlegers besteuert.

Steueraufschub vs. steuerpflichtige Konten

Anleger können ihre Anlagen entweder auf steuerfreien Konten halten, bei denen die Steuern bis zur Auszahlung aufgeschoben werden, oder auf steuerpflichtigen Konten, bei denen die Steuern jährlich auf die Kapitalerträge und -gewinne gezahlt werden. Zu den steuerfreien Konten zählen Altersvorsorgekonten wie traditionelle IRAs und 401(k)s, während zu den steuerpflichtigen Konten Maklerkonten und individuelle Anlagekonten gehören.

Steuerstrategien für Investitionen am Aktienmarkt

Um die Steuerlast zu minimieren und die Rendite nach Steuern zu maximieren, können Anleger verschiedene Steuerstrategien umsetzen, die auf ihre finanziellen Ziele und Anlageziele zugeschnitten sind. Hier sind einige gängige Steuerstrategien für Investitionen an der Börse:

Langfristiges Kaufen und Halten

Bei langfristigen Buy-and-Hold-Investitionen werden qualitativ hochwertige Aktien gekauft und über einen längeren Zeitraum, in der Regel mehr als ein Jahr, gehalten. Durch das langfristige Halten von Investitionen können Anleger von niedrigeren langfristigen Kapitalertragssteuersätzen profitieren und Steuern bis zum Verkauf ihrer Investitionen aufschieben.

Steuerverlusternte

Bei der steuerlichen Verlusternte werden verlustreiche Anlagen verkauft, um Kapitalgewinne auszugleichen und das steuerpflichtige Einkommen zu senken. Durch die Realisierung von Verlusten können Anleger diese nutzen, um Gewinne aus anderen Anlagen auszugleichen und so ihre Gesamtsteuerschuld zu senken. Die steuerliche Verlusternte kann insbesondere bei volatilen Marktbedingungen oder bei steuerpflichtigen Anlagekonten von Vorteil sein.

Anlagenstandort

Bei der Vermögensaufteilung geht es darum, Investitionen auf Grundlage ihrer Steuereffizienz strategisch auf verschiedene Arten von Konten zu verteilen. Beispielsweise können steuerineffiziente Anlagen wie Anleihen oder dividendenstarke Aktien in steuerfreien Konten gehalten werden, während steuereffiziente Anlagen wie Indexfonds oder Wachstumsaktien in steuerpflichtigen Konten gehalten werden können.

Roth IRA-Konvertierungen

Bei Roth-IRA-Konvertierungen werden Vermögenswerte von einem traditionellen IRA oder 401(k) in ein Roth-IRA umgewandelt, bei dem Abhebungen im Ruhestand steuerfrei sind. Während Roth-IRA-Konvertierungen im Voraus Steuern verursachen, können sie für Anleger von Vorteil sein, die im Ruhestand mit einer höheren Steuerklasse rechnen oder ihre Steuerbelastung diversifizieren möchten.

Arten von Anlagekonten

Anleger haben Zugang zu einer Vielzahl von Anlagekonten, jedes mit seinen eigenen Steuervorteilen und Überlegungen. Hier sind einige gängige Arten von Anlagekonten:

Traditionelle IRA

Ein traditionelles IRA ist ein steuerbegünstigtes Altersvorsorgekonto, das Einzelpersonen steuerlich absetzbare Beiträge ermöglicht, wobei die Steuern bis zur Auszahlung im Ruhestand aufgeschoben werden. Traditionelle IRAs unterliegen ab dem Alter von 72 Jahren einer Mindestausschüttung (RMD).

Roth IRA

Ein Roth IRA ist ein steuerfreies Altersvorsorgekonto, das es Einzelpersonen ermöglicht, nachversteuerte Beiträge zu leisten und im Ruhestand steuerfrei abzuheben. Roth IRAs haben Einkommensgrenzen und unterliegen während der Lebenszeit des Kontoinhabers keiner RMD.

401(k)

Ein 401(k) ist ein vom Arbeitgeber finanziertes Rentenkonto, das es Mitarbeitern ermöglicht, steuerfreie Beiträge zu leisten, wobei die Steuern bis zur Auszahlung im Ruhestand aufgeschoben werden. Einige Arbeitgeber bieten möglicherweise Roth 401(k)-Optionen an, die steuerfreie Beiträge mit steuerfreien Auszahlungen im Ruhestand ermöglichen.

Maklerkonto

Ein Brokerage-Konto ist ein steuerpflichtiges Anlagekonto, das es Einzelpersonen ermöglicht, Aktien, Anleihen, Investmentfonds und andere Wertpapiere zu kaufen und zu verkaufen. Im Gegensatz zu Altersvorsorgekonten bieten Brokerage-Konten keine Steuervorteile und Anleger müssen jedes Jahr Steuern auf Anlageerträge und -gewinne zahlen.

Gesundheitssparkonto (HSA)

Ein Health Savings Account (HSA) ist ein steuerbegünstigtes Konto, das es Personen mit Krankenversicherungen mit hohen Selbstbehalten ermöglicht, für medizinische Ausgaben zu sparen. Beiträge zu einem HSA sind steuerlich absetzbar und Abhebungen für qualifizierte medizinische Ausgaben sind steuerfrei. HSAs bieten außerdem das Potenzial für langfristiges Anlagewachstum.

Die richtigen Anlagekonten auswählen

Bei der Auswahl von Anlagekonten sollten Anleger ihre Anlageziele, ihre Steuersituation und ihren Anlagehorizont berücksichtigen. Hier sind einige Faktoren, die bei der Auswahl der richtigen Anlagekonten zu berücksichtigen sind:

Steuereffizienz

Berücksichtigen Sie die steuerlichen Auswirkungen verschiedener Arten von Anlagekonten und wie diese zu Ihrer Anlagestrategie passen. Beispielsweise können steueraufgeschobene Konten für Anlagen mit hohen erwarteten Renditen oder erheblichen steuerlichen Auswirkungen vorzuziehen sein, während steuerpflichtige Konten für kurzfristige Anlagen oder solche mit geringen steuerlichen Auswirkungen geeignet sein können.

Ruhestandsziele

Bewerten Sie Ihre Ruhestandsziele und überlegen Sie, wie Ihnen verschiedene Ruhestandskonten, wie z. B. traditionelle IRAs,

Roth IRAs und 401(k)s, dabei helfen können, diese zu erreichen. Berücksichtigen Sie Faktoren wie Beitragsgrenzen, Auszahlungsbeschränkungen und Steuerbehandlung, um zu bestimmen, welche Konten Ihren Bedürfnissen am besten entsprechen.

Investitionsflexibilität

Überlegen Sie, welche Anlageoptionen für die einzelnen Anlagekontotypen verfügbar sind und wie diese zu Ihren Anlagepräferenzen und -zielen passen. Einige Konten, wie z. B. Brokerage-Konten und HSAs, bieten mehr Flexibilität bei der Anlageauswahl und ermöglichen Ihnen den Aufbau eines diversifizierten Portfolios, das auf Ihre Risikobereitschaft und Ihre finanziellen Ziele zugeschnitten ist.

Arbeitgeberleistungen

Wenn Sie Zugang zu arbeitgeberfinanzierten Altersvorsorgekonten wie 401(k)s oder Roth 401(k)s haben, sollten Sie in Erwägung ziehen, etwaige Arbeitgeberbeiträge oder andere Leistungen in Anspruch zu nehmen. Arbeitgeberbeiträge können Ihre Altersvorsorge deutlich steigern und eine sofortige Kapitalrendite bieten.

Steuerplanung

Gehen Sie bei der Steuerplanung proaktiv vor, indem Sie Ihre Anlagekonten optimieren, um Steuern zu minimieren und die Rendite nach Steuern zu maximieren. Berücksichtigen Sie Faktoren wie Einkommenssteuerklassen, Kapitalertragssteuersätze und den Zeitpunkt von Abhebungen, um eine steuereffiziente Anlagestrategie zu entwickeln, die mit Ihrer allgemeinen Finanzplanung übereinstimmt.

Nachlassplanung

Anlagekonten können auch bei der Nachlassplanung und bei Strategien zur Vermögensübertragung eine Rolle spielen. Bedenken Sie, wie sich verschiedene Arten von Konten, wie z. B. Roth IRAs oder steuerpflichtige Brokerage-Konten, nach Ihrem Tod auf Ihren Nachlass und Ihre Begünstigten auswirken. Arbeiten Sie mit einem Finanzberater oder einem Anwalt für Nachlassplanung zusammen, um einen umfassenden Nachlassplan zu entwickeln, der Ihren Zielen entspricht und die steuerlichen Auswirkungen für Ihre Erben minimiert.

Fallstudie: Altersvorsorge mit steuerbegünstigten Konten

Betrachten wir eine hypothetische Fallstudie, um die Bedeutung steuerbegünstigter Konten bei der Altersvorsorge zu veranschaulichen:

John und Sarah sind ein verheiratetes Paar Anfang 40, das seinen Ruhestand plant. Sie haben ein diversifiziertes Anlageportfolio bestehend aus Aktien, Anleihen und Immobilien. John nimmt am 401(k)-Plan seines Arbeitgebers teil, während Sarah eine traditionelle IRA von einem früheren Arbeitgeber hat.

Steuerstrategie: John und Sarah beschließen, ihre Beiträge zu steuerbegünstigten Altersvorsorgekonten jedes Jahr zu maximieren, um ihr steuerpflichtiges Einkommen zu senken und für den Ruhestand zu sparen. Sie zahlen den maximal zulässigen Betrag in Johns 401(k)-Plan ein, nutzen die entsprechenden Beiträge seines Arbeitgebers und leisten regelmäßige Beiträge in Sarahs traditionelles IRA.

Investitionsverteilung: Innerhalb ihrer Altersvorsorgekonten verteilen John und Sarah ihre Investitionen auf der Grundlage ihrer Risikobereitschaft und ihrer Altersvorsorgeziele. Sie halten eine Mischung aus Aktien und Anleihen in ihrem 401(k)- und traditionellen IRA-Plan, wobei sie sich auf langfristiges Wachstum und Einkommensgenerierung konzentrieren.

Steuereffizienz: John und Sarah priorisieren steuereffiziente Investitionen, indem sie steuerineffiziente Anlagen wie steuerpflichtige Anleihen oder aktiv verwaltete Fonds in ihren Altersvorsorgekonten halten, während sie steuereffiziente Anlagen wie Indexfonds oder Kommunalanleihen in ihrem steuerpflichtigen Maklerkonto platzieren.

Nachlassplanung: John und Sarah überprüfen regelmäßig ihre Begünstigtenbezeichnungen und ihren Nachlassplan, um sicherzustellen, dass ihre Anlagekonten mit ihren Nachlassplanungszielen übereinstimmen. Sie berücksichtigen die Auswirkungen von Steuern und Verteilungsregeln auf ihre Erben und arbeiten mit einem Nachlassplanungsanwalt zusammen, um die Steuerverbindlichkeiten zu minimieren und die Möglichkeiten zur Vermögensübertragung zu maximieren.

Anwendung in der Praxis

Durch die Umsetzung einer steuereffizienten Anlagestrategie und die Nutzung steuerbegünstigter Konten können John und Sarah ihre Altersvorsorge optimieren und ihre langfristigen finanziellen Ziele erreichen. Indem sie arbeitgeberfinanzierte Altersvorsorgepläne nutzen, Beiträge zu IRAs maximieren und Investitionen strategisch auf verschiedene Kontotypen verteilen, können sie Steuern minimieren, das Anlagewachstum maximieren und eine sichere finanzielle Zukunft für sich und ihre Familie aufbauen.

Steuerliche Umsetzung und Anlagekonten sind wesentliche Bestandteile erfolgreicher Aktienmarktinvestitionen und Ruhestandsplanung. Indem sie die steuerlichen Auswirkungen verschiedener Anlagestrategien verstehen und steuerbegünstigte Konten effektiv nutzen, können Anleger Steuern minimieren, die Rendite nach Steuern maximieren und ihre langfristigen Vermögensaufbauziele erreichen. Ob beim Sparen für den Ruhestand, beim

Aufbau eines Anlageportfolios oder bei der Planung einer Nachlassübertragung – eine durchdachte Steuerplanung und der strategische Einsatz von Anlagekonten können Anlegern helfen, die Komplexität des Steuerrechts zu bewältigen und eine solide finanzielle Grundlage für die Zukunft zu schaffen.

Kapitel 13: Technologie für den Markterfolg nutzen

Im heutigen digitalen Zeitalter spielt Technologie eine entscheidende Rolle bei Investitionen an der Börse, da sie Anlegern Zugang zu einer Fülle von Informationen, Analysetools und Handelsplattformen bietet. Von mobilen Apps bis hin zu algorithmischen Handelssystemen hat Technologie die Art und Weise revolutioniert, wie Anleger an der Börse recherchieren, analysieren und handeln. In diesem Kapitel werden wir die verschiedenen Möglichkeiten untersuchen, wie Anleger Technologie nutzen können, um an der Börse erfolgreich zu sein und langfristigen Wohlstand aufzubauen.

Zugang zu Informationen

Einer der größten Vorteile der Technologie bei Investitionen in den Aktienmarkt ist der Zugang zu riesigen Mengen an Informationen. Durch die zunehmende Verbreitung von Websites mit Finanznachrichten, Investmentblogs und Social-Media-Plattformen haben Anleger Echtzeitzugriff auf Nachrichten, Marktanalysen und Expertenmeinungen aus der ganzen Welt. Indem sie über Markttrends, Wirtschaftsindikatoren und Unternehmensentwicklungen informiert bleiben, können Anleger fundiertere Entscheidungen treffen und Anlagemöglichkeiten erkennen, bevor diese allgemein bekannt werden.

Beispiel: Finanznachrichten-Apps

Finanznachrichten-Apps wie Bloomberg, CNBC und Reuters versorgen Anleger mit aktuellen Nachrichten, Marktanalysen und Expertenkommentaren zu Aktien, Anleihen, Rohstoffen und Währungen. Mit diesen Apps bleiben Anleger über marktbewegende Ereignisse auf dem Laufenden und können auf der Grundlage aktueller Nachrichten und Analysen zeitnahe Anlageentscheidungen treffen.

Analytische Tools

Die Technologie hat auch den Zugang zu anspruchsvollen Analysetools und Forschungsplattformen demokratisiert, die früher nur institutionellen Anlegern zur Verfügung standen. Von Aktien-Screenern bis hin zu Chartsoftware können Anleger heute problemlos detaillierte Fundamental- und technische Analysen durchführen. Diese Analysetools helfen Anlegern, unterbewertete Aktien zu identifizieren, Markttrends zu verfolgen und Handelsstrategien auf der Grundlage quantitativer Daten und statistischer Analysen zu entwickeln.

Beispiel: Aktien-Screener

Ein Aktienscreener ist ein leistungsstarkes Tool, mit dem Anleger Aktien nach bestimmten

Kriterien wie Marktkapitalisierung, Branche, Bewertungskennzahlen und finanzieller Leistung filtern können. Mithilfe eines Aktienscreeners können Anleger ihr Anlageuniversum eingrenzen und sich auf Aktien konzentrieren, die ihren Anlagekriterien entsprechen. Dies spart Zeit und Aufwand bei der Recherche.

Handelsplattformen

Mit dem Aufkommen von Online-Brokerage-Plattformen und mobilen Handels-Apps hat die Technologie die Art und Weise revolutioniert, wie Anleger an der Börse handeln. Diese Plattformen bieten Anlegern die Möglichkeit, bequem von zu Hause oder unterwegs Aktien, Optionen und andere Wertpapiere zu kaufen und zu verkaufen. Mit Funktionen wie Echtzeitkursen, anpassbaren Dashboards und erweiterten Auftragsarten ermöglichen Handelsplattformen Anlegern, die Kontrolle über ihre Anlageentscheidungen zu übernehmen und schnell und präzise zu handeln.

Beispiel: Robinhood

Robinhood ist eine beliebte provisionsfreie Handels-App, die Millionen von Privatanlegern den Zugang zur Börse demokratisiert hat. Mit seiner benutzerfreundlichen Oberfläche und dem provisionsfreien Handelsmodell hat Robinhood eine neue Generation von Anlegern angezogen, die von seiner Einfachheit und Benutzerfreundlichkeit angezogen werden. Obwohl Robinhood zeitweise umstritten ist, hat es eine bedeutende Rolle dabei gespielt, die traditionelle Maklerbranche aufzumischen und Einzelanlegern die Teilnahme an der Börse zu ermöglichen.

Robo-Advisor

Robo-Advisors sind automatisierte Anlageplattformen, die Algorithmen und Computeralgorithmen verwenden, um Portfolios zu verwalten und Anlageberatung zu geben. Diese Plattformen bieten Anlegern einen praktischen Ansatz für das Investieren mit

Funktionen wie automatischer Portfolioneugewichtung, Verlustausgleich und zielbasiertem Investieren. Robo-Advisors eignen sich besonders gut für Anleger, die eine passive Anlagestrategie bevorzugen oder denen die Zeit oder das Fachwissen fehlen, um ihre eigenen Anlagen zu verwalten.

Beispiel: Wealthfront

Wealthfront ist eine führende Robo-Advisor-Plattform, die automatisierte Portfolioverwaltung und Finanzplanungsdienste anbietet. Mit seinen niedrigen Gebühren, diversifizierten Anlageportfolios und steuereffizienten Strategien hat Wealthfront einen großen und treuen Kundenstamm aus Einzelinvestoren gewonnen, die einen unkomplizierten Anlageansatz suchen. Durch den Einsatz von Technologie und datengesteuerten Algorithmen zielt Wealthfront darauf ab, die Anlagerenditen zu optimieren und Anlegern dabei zu helfen, ihre langfristigen finanziellen Ziele zu erreichen.

Algorithmischer Handel

Algorithmischer Handel, auch bekannt als Algo-Trading oder automatisierter Handel, ist die Verwendung von Computeralgorithmen, um Transaktionen an der Börse mit hoher Geschwindigkeit und Frequenz auszuführen. Algorithmische Handelsstrategien können von einfachen regelbasierten Ansätzen bis hin zu komplexen mathematischen Modellen reichen, die Marktdaten analysieren und Transaktionen basierend auf vordefinierten Kriterien ausführen. Algorithmischer Handel hat an der Börse zunehmend an Bedeutung gewonnen und macht in vielen Märkten einen erheblichen Anteil des gesamten Handelsvolumens aus.

Beispiel: Hochfrequenzhandel (HFT)

Hochfrequenzhandel (HFT) ist eine Form des algorithmischen Handels, bei der leistungsstarke Computer und Hochgeschwindigkeitsdatenverbindungen verwendet werden, um Transaktionen in blitzschneller Geschwindigkeit auszuführen. HFT-Unternehmen verwenden ausgefeilte Algorithmen und proprietäre Handelsstrategien, um von kleinen Preisschwankungen auf dem Markt zu profitieren, wobei sie Positionen oft nur für Millisekunden oder Mikrosekunden halten. Obwohl HFT umstritten ist, hat es sich zu einer dominierenden Kraft auf dem Aktienmarkt entwickelt, die für Liquidität und Effizienz sorgt, aber auch Bedenken hinsichtlich der Marktstabilität und Fairness aufwirft.

Tools zum Risikomanagement

Die Technologie bietet Anlegern außerdem eine Reihe von Risikomanagement-Tools und -Techniken, um ihre Portfolios zu schützen und Verluste zu minimieren. Von Stop-Loss-Orders bis hin zu Portfolioanalysesoftware helfen diese Tools Anlegern, Risiken in ihren Anlagestrategien zu erkennen und zu mindern.

Beispiel: Risikomanagement-Software

Risikomanagementsoftware bietet Anlegern Tools und Analysen, um Portfoliorisiken zu bewerten, potenzielle Schwachstellen zu identifizieren und Strategien zur Risikominderung umzusetzen. Diese Tools können die Portfolioleistung analysieren, die Anfälligkeit gegenüber Marktvolatilität bewerten und Portfolios unter verschiedenen Marktszenarien einem Stresstest unterziehen. Durch den Einsatz von Risikomanagementsoftware können Anleger fundiertere Entscheidungen treffen und das Risiko in ihren Anlageportfolios proaktiv steuern.

Nutzung von Big Data und künstlicher Intelligenz

Die Verbreitung von Big Data und künstlicher Intelligenz (KI) hat das Investieren an der Börse verändert. Anleger können jetzt riesige Datenmengen analysieren und aus komplexen Datensätzen umsetzbare Erkenntnisse gewinnen.

KI-gestützte Algorithmen können Markttrends, Stimmungsanalysen und das Verhalten von Anlegern analysieren, um Muster zu erkennen und Marktbewegungen genauer vorherzusagen.

Beispiel: Tools zur Stimmungsanalyse

Sentimentanalyse-Tools verwenden natürliche Sprachverarbeitung (NLP) und maschinelle Lernalgorithmen, um Nachrichtenartikel, Social-Media-Beiträge und andere Textdaten zu analysieren und so die Anlegerstimmung und die Marktstimmung einzuschätzen. Durch die Analyse des Tons, des Kontexts und der Häufigkeit von Erwähnungen bestimmter Aktien oder Themen können Sentimentanalyse-Tools Trends und Stimmungsschwankungen auf dem Markt erkennen und Anlegern helfen, fundiertere Entscheidungen zu treffen.

Marktüberwachung in Echtzeit

Dank der Technologie können Anleger den Aktienmarkt in Echtzeit überwachen und haben

Zugriff auf Live-Kurse, Streaming-Newsfeeds und Marktdatenanalysen. Durch die Echtzeit-Marktüberwachung können Anleger schnell auf sich ändernde Marktbedingungen, Nachrichtenereignisse und Preisbewegungen reagieren und so Chancen nutzen und Risiken minimieren.

Beispiel: Echtzeit-Marktdatenplattformen

Echtzeit-Marktdatenplattformen bieten Anlegern Zugriff auf Live-Kurse, Charts und Marktdaten von Börsen und Finanzinstituten auf der ganzen Welt. Diese Plattformen bieten anpassbare Dashboards, erweiterte Charting-Tools und technische Indikatoren, mit denen Anleger Markttrends verfolgen und in Echtzeit fundierte Handelsentscheidungen treffen können.

Cybersicherheit und Datenschutz

Mit dem technologischen Fortschritt sind Cybersicherheit und Datenschutz für Anleger zu immer wichtigeren Überlegungen geworden. Mit dem Aufkommen von Online-Handelsplattformen und digitalen Anlagekonten müssen Anleger Maßnahmen ergreifen, um ihre persönlichen und finanziellen Daten vor Cyberbedrohungen und Datenlecks zu schützen.

Beispiel: Zwei-Faktor-Authentifizierung

Die Zwei-Faktor-Authentifizierung (2FA) ist eine Sicherheitsfunktion, die Online-Konten eine zusätzliche Schutzebene hinzufügt, indem sie von den Benutzern verlangt, vor dem Zugriff auf ihre Konten zwei Formen der Identifizierung anzugeben. Viele Online-Brokerage-Plattformen und Investment-Apps bieten 2FA als Standardsicherheitsfunktion an, um unbefugten Zugriff auf Anlegerkonten zu verhindern und vertrauliche Informationen vor Cyberbedrohungen zu schützen.

Der Einsatz von Technologie ist für den Erfolg an der Börse und den langfristigen Vermögensaufbau unerlässlich. Durch die Nutzung der Macht von Informationen,

Analysetools, Handelsplattformen und Risikomanagementtechniken können Anleger fundiertere Entscheidungen treffen und Anlagemöglichkeiten effizienter und effektiver nutzen. Vom Zugriff auf Marktdaten in Echtzeit bis hin zur Nutzung fortschrittlicher Analysetools stehen Anlegern beispiellose Ressourcen zur Verfügung, um die Komplexität der Börse zu meistern und ihre Anlagestrategien zu optimieren.

Darüber hinaus hat die Technologie die Wettbewerbsbedingungen für Anleger aller Hintergründe und Erfahrungsstufen angeglichen, den Zugang zu den Finanzmärkten demokratisiert und es einzelnen Anlegern ermöglicht, die Kontrolle über ihre finanzielle Zukunft zu übernehmen. Egal, ob Sie ein erfahrener Trader oder ein unerfahrener Anleger sind, der Einsatz von Technologie kann Ihre Anlageerfahrung verbessern und Ihnen helfen, Ihre langfristigen finanziellen Ziele zu erreichen.

Allerdings ist es wichtig, Technologie mit kritischem Blick zu betrachten und Vorsicht walten zu lassen, wenn man sich auf automatisierte Tools und Algorithmen verlässt. Technologie kann zwar wertvolle Erkenntnisse und Effizienzgewinne liefern, es ist jedoch entscheidend, technologische Tools durch menschliches Urteilsvermögen und kritisches Denken zu ergänzen. Letztendlich erfordert erfolgreiches Investieren eine Kombination aus datengesteuerter Analyse, Marktintuition und disziplinierter Entscheidungsfindung.

Da sich die Technologie ständig weiterentwickelt, müssen Anleger über die neuesten Entwicklungen und Trends im Bereich Fintech und Investmenttechnologie informiert bleiben. Indem sie immer einen Schritt voraus sind und sich an den technologischen Fortschritt anpassen, können Anleger in einem sich ständig verändernden Marktumfeld wettbewerbsfähig bleiben und sich für langfristigen Erfolg positionieren.

Zusammenfassend lässt sich sagen, dass die Nutzung von Technologie für den Markterfolg nicht nur ein Trend ist, sondern ein grundlegender Aspekt des modernen Investierens. Indem Sie sich die Technologie zunutze machen, ihre Leistungsfähigkeit nutzen und sie in Ihren Anlageansatz integrieren, können Sie neue Möglichkeiten erschließen, Risiken mindern und letztendlich langfristig an der Börse Vermögen aufbauen. Denken Sie bei Ihrem Investmentvorhaben daran, die Technologie mit Bedacht einzusetzen, bei der Cybersicherheit wachsam zu bleiben und sich auf Ihre finanziellen Ziele zu konzentrieren. Mit den richtigen Tools und Strategien kann die Technologie ein mächtiger Verbündeter auf Ihrem Weg zum Erfolg an der Börse und zu finanziellem Wohlstand sein.

Kapitel 14: Ethisches und nachhaltiges Investieren

In den letzten Jahren ist das Interesse der Anleger gestiegen, ihre Investitionen an ihren Werten und Überzeugungen auszurichten. Ethisches und nachhaltiges Investieren, auch bekannt als sozial verantwortliches Investieren (SRI) oder Umwelt-, Sozial- und Governance-Investieren (ESG), zielt darauf ab, finanzielle Erträge zu erwirtschaften und gleichzeitig positive Auswirkungen auf Gesellschaft und Umwelt zu haben. In diesem Kapitel werden wir die wesentlichen Aspekte des ethischen und nachhaltigen Investierens untersuchen und wie Anleger diese Prinzipien in ihre Anlagestrategien integrieren können, um langfristigen Wohlstand aufzubauen.

Ethisches und nachhaltiges Investieren verstehen

Beim ethischen und nachhaltigen Investieren werden bei Anlageentscheidungen neben finanziellen auch Umwelt-, Sozial- und Governance-Faktoren (ESG) berücksichtigt. Diese Faktoren umfassen ein breites Spektrum an Themen, darunter Klimawandel, Menschenrechte, Arbeitspraktiken, Vielfalt und Inklusion, Unternehmensführung und ethische Geschäftspraktiken.

Umweltfaktoren

Umweltfaktoren konzentrieren sich darauf, wie Unternehmen mit der Umwelt interagieren und welche Auswirkungen sie auf natürliche Ressourcen, Ökosysteme und den Klimawandel haben. Bei der Bewertung der ökologischen Nachhaltigkeit von Unternehmen können Anleger Faktoren wie Kohlenstoffemissionen, Energieeffizienz, Nutzung erneuerbarer Energien, Schadstoffbekämpfung und Wasserschutz berücksichtigen.

Soziale Faktoren

Soziale Faktoren beziehen sich darauf, wie Unternehmen ihre Beziehungen zu ihren Mitarbeitern, Kunden, Lieferanten, Gemeinden und anderen Interessengruppen pflegen. Investoren können bei der Bewertung der sozialen Verantwortung von Unternehmen Faktoren wie Arbeitspraktiken, Mitarbeiterbeziehungen, Menschenrechte, Vielfalt und Inklusion, Produktsicherheit, gesellschaftliches Engagement und Philanthropie berücksichtigen.

Governance-Faktoren

Governance-Faktoren konzentrieren sich darauf, wie Unternehmen geführt und geleitet werden, einschließlich ihrer Unternehmensstruktur, Zusammensetzung des Vorstands, Vergütung der Führungskräfte, Transparenz, Rechenschaftspflicht und ethischen Geschäftspraktiken. Investoren können bei der Beurteilung der Unternehmensführung Faktoren wie die Unabhängigkeit des Vorstands, die

Anpassung der Vorstandsgehälter, Aktionärsrechte, Maßnahmen zur Korruptionsbekämpfung und die Einhaltung von Vorschriften bewerten.

Der Aufstieg des ethischen und nachhaltigen Investierens

Ethisches und nachhaltiges Investieren hat in den letzten Jahren an Dynamik gewonnen. Dies ist auf das zunehmende Bewusstsein für ökologische und soziale Probleme, veränderte Verbraucherpräferenzen, regulatorische Entwicklungen und die wachsende Nachfrage der Anleger nach verantwortungsvollen Anlagemöglichkeiten zurückzuführen. Laut der Global Sustainable Investment Alliance (GSIA) erreichten die nachhaltigen Anlageanlagen im Jahr 2020 weltweit 35,3 Billionen US-Dollar, was einen deutlichen Anstieg gegenüber den Vorjahren darstellt.

Investoren der Millennials und der Generation Z

Jüngere Generationen, darunter Millennials und Generation Z, treiben die Nachfrage nach ethischen und nachhaltigen Anlagemöglichkeiten voran. Diese Anleger legen bei ihren Anlageentscheidungen eher Wert auf Umwelt- und Sozialaspekte und suchen nach Anlagemöglichkeiten, die mit ihren Werten und Überzeugungen übereinstimmen. Da diese jüngeren Anleger Vermögen erben und an Einfluss auf den Finanzmärkten gewinnen, wird ethisches und nachhaltiges Investieren voraussichtlich weiter an Bedeutung gewinnen.

Institutionelle Anleger

Institutionelle Anleger, darunter Pensionsfonds, Stiftungen und Vermögensverwalter, berücksichtigen ESG-Faktoren zunehmend in ihren Anlagestrategien. Diese Anleger sind sich der potenziellen finanziellen Risiken und Chancen bewusst, die mit Umwelt- und Sozialthemen verbunden sind, und integrieren

ESG-Überlegungen in ihre Anlageanalysen und Entscheidungsprozesse.

Regulierungsinitiativen

Regulatorische Initiativen und politische Entwicklungen treiben das Wachstum ethischer und nachhaltiger Investitionen weiter voran. Regierungen auf der ganzen Welt setzen Vorschriften und Offenlegungspflichten in Bezug auf ESG-Themen um, die das Verhalten von Unternehmen und die Erwartungen der Anleger beeinflussen. Darüber hinaus prägen Initiativen wie die nachhaltigen Entwicklungsziele der Vereinten Nationen (SDGs) und das Pariser Klimaabkommen die globale Agenda und ermutigen Anleger, Kapital für nachhaltige Entwicklungsziele bereitzustellen.

Strategien für ethisches und nachhaltiges Investieren

Es gibt mehrere Strategien, mit denen Anleger ethische und nachhaltige Prinzipien in ihre Anlageportfolios integrieren können:

Negatives Screening

Beim Negativ-Screening werden Unternehmen oder Branchen, die als unethisch oder schädlich eingestufte Aktivitäten durchführen, aus Anlageportfolios ausgeschlossen. Typische Ausschlüsse können Unternehmen sein, die in den Bereichen Tabak, Waffen, fossile Brennstoffe, Glücksspiel, Alkohol oder umstrittene Arbeitspraktiken tätig sind. Durch das Negativ-Screening können Anleger ihre Anlagen an ihren Werten ausrichten und die Unterstützung von Aktivitäten vermeiden, die sie als anstößig erachten.

Positives Screening

Beim positiven Screening werden Unternehmen oder Branchen ausgewählt, die starke Umwelt-, Sozial- und Governance-Praktiken aufweisen und zu positiven sozialen und ökologischen Ergebnissen beitragen. Anleger können sich auf Unternehmen konzentrieren, die erneuerbare Energien, nachhaltige Landwirtschaft, saubere Technologien, Gesundheitsversorgung, Bildung oder Initiativen für soziale Gerechtigkeit fördern. Durch das positive Screening können Anleger Unternehmen unterstützen, die einen positiven Einfluss auf die Gesellschaft und die Umwelt haben.

ESG-Integration

Bei der ESG-Integration werden Umwelt-, Sozial- und Governance-Faktoren in traditionelle Finanzanalysen und Investitionsentscheidungsprozesse einbezogen. Investoren analysieren ESG-Kennzahlen neben traditionellen Finanzkennzahlen, um die allgemeine Nachhaltigkeit und das Risikoprofil von Unternehmen zu bewerten. Durch die ESG-Integration können Investoren Chancen und Risiken erkennen, die möglicherweise nicht allein durch eine Finanzanalyse erfasst werden, und fundiertere Investitionsentscheidungen treffen.

Wirkungsvolles Investieren

Beim Impact Investing geht es darum, aktiv nach Investitionen zu suchen, die neben finanziellen Erträgen auch positive soziale oder ökologische Auswirkungen haben. Impact-Investoren investieren Kapital in Unternehmen, Organisationen oder Projekte, die sich mit bestimmten sozialen oder ökologischen Herausforderungen befassen, wie etwa Klimawandel, Armutsbekämpfung, Gesundheitsversorgung, Bildung oder nachhaltige Infrastruktur. Beim Impact Investing können Anleger ihr Anlagekapital an ihren Werten ausrichten und zu positiven sozialen und ökologischen Ergebnissen beitragen.

Engagement der Aktionäre

Das Engagement der Aktionäre umfasst die aktive Auseinandersetzung mit Unternehmen in

Umwelt-, Sozial- und Governance-Fragen durch Dialog, Stimmrechtsvertretung und Interessenvertretung. Investoren können mit der Unternehmensleitung und anderen Interessengruppen zusammenarbeiten, um Transparenz, Rechenschaftspflicht und verantwortungsvolle Geschäftspraktiken des Unternehmens zu fördern. Das Engagement der Aktionäre ermöglicht es Investoren, das Verhalten von Unternehmen zu beeinflussen, positive Veränderungen voranzutreiben und die langfristige Nachhaltigkeitsleistung zu verbessern.

Leistung und Rendite

Immer mehr Forschungsergebnisse deuten darauf hin, dass ethisches und nachhaltiges Investieren wettbewerbsfähige finanzielle Renditen erzielen und gleichzeitig positive soziale und ökologische Auswirkungen haben kann. Zahlreiche Studien haben eine positive Korrelation zwischen einer starken ESG-Performance und finanzieller Performance festgestellt, wobei Unternehmen, die Nachhaltigkeit priorisieren, langfristig oft besser abschneiden als ihre Konkurrenten.

Finanzielle Wesentlichkeit

Finanzielle Wesentlichkeit bezieht sich auf das Ausmaß, in dem ESG-Faktoren für die langfristige Leistung und Bewertung eines Unternehmens finanziell relevant sind. Investoren erkennen zunehmend, dass ESG-Faktoren wesentliche Auswirkungen auf die Rentabilität, das Risikomanagement, den Ruf einer Marke, die Kundentreue, die Mitarbeiterproduktivität und die Einhaltung gesetzlicher Vorschriften haben können. Durch die Integration von ESG-Überlegungen in die Anlageanalyse können Investoren die Nachhaltigkeit und Widerstandsfähigkeit von Unternehmen besser beurteilen und Möglichkeiten zur langfristigen Wertschöpfung erkennen.

Risikomanagement

Ethisches und nachhaltiges Investieren kann auch dazu beitragen, Risiken im Zusammenhang mit Umwelt-, Sozial- und Governance-Problemen zu mindern, die sich auf die Unternehmensleistung und den Aktionärswert auswirken können. Unternehmen mit starken ESG-Praktiken sind besser aufgestellt, um Risiken wie Bußgelder, Rechtsstreitigkeiten, Lieferkettenunterbrechungen, Reputationsschäden und Stakeholder-Aktivismus zu bewältigen. Durch Investitionen in Unternehmen mit robusten ESG-Managementsystemen können Anleger das Potenzial für Abwärtsrisiken verringern und ihre Anlageportfolios vor nachteiligen Ereignissen schützen.

Langfristige Wertschöpfung

Letztlich geht es bei ethischem und nachhaltigem Investieren darum, langfristigen Wert für Anleger, die Gesellschaft und den Planeten zu schaffen. Indem sie die umfassenderen Auswirkungen ihrer Anlageentscheidungen berücksichtigen und in Unternehmen investieren, die Nachhaltigkeit und Verantwortung in den Vordergrund stellen, können Anleger zu positiven sozialen Veränderungen, Umweltschutz und wirtschaftlicher Entwicklung beitragen und gleichzeitig ihre finanziellen Ziele erreichen. Ethisches und nachhaltiges Investieren bietet eine überzeugende Möglichkeit, finanzielle Interessen mit ethischen Werten in Einklang zu bringen und eine nachhaltigere und gerechtere Zukunft für kommende Generationen aufzubauen.

Herausforderungen und Überlegungen

Ethisches und nachhaltiges Investieren bietet zwar zahlreiche Vorteile, es gibt jedoch auch Herausforderungen und Überlegungen, die Anleger beachten sollten:

Datenqualität und Standardisierung

Eine Herausforderung bei ethischen und nachhaltigen Investitionen ist der Mangel an standardisierten ESG-Daten und -Kennzahlen, was es für Anleger schwierig machen kann, Unternehmen zu vergleichen und ihre Nachhaltigkeitsleistung genau zu bewerten. Anleger können auf Inkonsistenzen, Lücken oder Unstimmigkeiten in der ESG-Berichterstattung stoßen, was ihre Fähigkeit beeinträchtigen kann, fundierte Anlageentscheidungen zu treffen. Bemühungen zur Verbesserung der Datenqualität, Transparenz und Standardisierung sind unerlässlich, um diese Herausforderung zu bewältigen und die Glaubwürdigkeit und Zuverlässigkeit der ESG-Analyse zu erhöhen.

Grünfärberei

Unter Greenwashing versteht man die Praxis von Unternehmen, ihre ökologischen oder sozialen Verpflichtungen zu übertreiben oder falsch darzustellen, um nachhaltiger zu erscheinen, als sie tatsächlich sind. Einige Unternehmen betreiben möglicherweise Greenwashing, um ethische und nachhaltige Investoren anzuziehen, ohne ihre Geschäftspraktiken sinnvoll zu ändern. Investoren müssen eine gründliche Due-Diligence-Prüfung und Recherche durchführen, um echte Nachhaltigkeitsführer zu identifizieren und Investitionen in Unternehmen zu vermeiden, die Greenwashing betreiben.

Kompromisse bei der finanziellen Leistung

Obwohl es Belege dafür gibt, dass ethisches und nachhaltiges Investieren wettbewerbsfähige finanzielle Renditen liefern kann, sind einige Anleger möglicherweise besorgt über mögliche Kompromisse zwischen finanzieller Leistung und Nachhaltigkeitszielen. Investitionen in Unternehmen mit starken ESG-Praktiken können mit Einbußen bei kurzfristigen Renditen oder einem Engagement in bestimmten Branchen oder Sektoren verbunden sein. Befürworter ethischen und nachhaltigen Investierens argumentieren jedoch, dass diese Kompromisse oft durch die langfristigen Vorteile von

Investitionen in Unternehmen aufgewogen werden, die Nachhaltigkeit und Verantwortung priorisieren.

Mangelnde Diversifizierung

Ein weiterer Aspekt bei ethischen und nachhaltigen Investitionen ist der potenzielle Mangel an Diversifizierung in Portfolios, die sich ausschließlich auf sozial verantwortliche oder umweltfreundliche Unternehmen konzentrieren. Indem sie ganze Branchen oder Sektoren von der Anlageentscheidung ausschließen, können Anleger unbeabsichtigt ihre Diversifizierung einschränken und das Konzentrationsrisiko in ihren Portfolios erhöhen. Um dieses Risiko zu mindern, können Anleger neben traditionellen Diversifizierungsstrategien auch ethische und nachhaltige Anlageprinzipien berücksichtigen, um ein ausgewogenes und diversifiziertes Portfolio zu erreichen.

Subjektivität und Werteausrichtung

Ethisches und nachhaltiges Investieren ist von Natur aus subjektiv, da die Werte und Überzeugungen der Anleger unterschiedlich sein können, wenn es darum geht, zu definieren, was ethisches oder nachhaltiges Verhalten ausmacht. Was ein Anleger für ethisch oder nachhaltig hält, stimmt möglicherweise nicht mit den Werten oder Prioritäten eines anderen Anlegers überein. Daher gibt es keinen einheitlichen Ansatz für ethisches und nachhaltiges Investieren, und Anleger müssen ihre individuellen Werte, Vorlieben und Ziele sorgfältig berücksichtigen, wenn sie Investitionen auswählen, die mit ihren ethischen und Nachhaltigkeitszielen übereinstimmen.

Fallstudie: Ethisches Investieren in der Praxis

Betrachten wir eine hypothetische Fallstudie, um die Prinzipien des ethischen Investierens in der Praxis zu veranschaulichen:

Unternehmen A ist ein multinationaler Konzern, der in der Lebensmittel- und

Getränkeindustrie tätig ist. Das Unternehmen kann eine solide finanzielle Erfolgsbilanz vorweisen, wurde in den letzten Jahren jedoch wegen seiner Umweltpraktiken, darunter Abholzung, Wasserverschmutzung und Treibhausgasemissionen, kritisiert.

Ethischer Investor B ist ein Privatinvestor, dem Umweltschutz und soziale Verantwortung am Herzen liegen. Ethischer Investor B ist besorgt über die Umweltauswirkungen der Geschäftstätigkeit von Unternehmen A und beschließt, die Nachhaltigkeitspraktiken des Unternehmens genauer zu untersuchen, bevor er es für eine Investition in Betracht zieht.

Ethischer Investor B führt eine umfassende ESG-Analyse von Unternehmen A durch und überprüft dessen Umweltrichtlinien, sozialen Initiativen und Governance-Praktiken. Nach sorgfältiger Prüfung kommt Ethischer Investor B zu dem Schluss, dass die Umweltbilanz von Unternehmen A nicht mit seinen Werten übereinstimmt, und beschließt, es aus seinem Anlageportfolio auszuschließen.

Stattdessen entscheidet sich der ethische Investor B für eine Investition in **Unternehmen C**, einen Konkurrenten in der Lebensmittel- und Getränkeindustrie, der für seine nachhaltigen Beschaffungspraktiken, seinen CO_2-neutralen Betrieb und sein Engagement für den Umweltschutz bekannt ist. Durch die Investition in Unternehmen C richtet der ethische Investor B sein Investitionskapital an seinen Werten aus und unterstützt ein Unternehmen, das sein Engagement für Nachhaltigkeit und Verantwortung teilt.

Ethisches und nachhaltiges Investieren bietet Anlegern die Möglichkeit, ihre Anlageentscheidungen an ihren Werten und Überzeugungen auszurichten und gleichzeitig finanzielle Erträge zu erzielen. Indem sie neben traditionellen Finanzkennzahlen auch Umwelt-, Sozial- und Governance-Faktoren berücksichtigen, können Anleger Möglichkeiten erkennen, in Unternehmen zu investieren, die sich positiv auf Gesellschaft und Umwelt auswirken.

Während ethisches und nachhaltiges Investieren Herausforderungen und Überlegungen mit sich bringt, darunter Probleme mit der Datenqualität, Risiken des Greenwashings und mögliche Kompromisse bei der finanziellen Performance, sind die Vorteile von zielgerichtetem und wirkungsvollem Investieren erheblich. Indem sie ethische und nachhaltige Prinzipien in ihre Anlagestrategien integrieren, können Anleger zu positiven sozialen Veränderungen, Umweltschutz und wirtschaftlicher Entwicklung beitragen und gleichzeitig ihre langfristigen finanziellen Ziele erreichen.

Da ethisches und nachhaltiges Investieren immer mehr an Bedeutung gewinnt, haben Anleger die Möglichkeit, positive Veränderungen in der Unternehmenswelt voranzutreiben, die Zukunft des Investierens zu gestalten und eine nachhaltigere und gerechtere Welt für kommende Generationen aufzubauen. Indem sie ethische und nachhaltige Anlageprinzipien annehmen, können Anleger die Macht der Kapitalmärkte nutzen, um eine bessere Zukunft für alle zu schaffen.

Kapitel 15: Globale Investitionsmöglichkeiten

In der heutigen vernetzten Welt haben Anleger Zugang zu einer Vielzahl von Anlagemöglichkeiten außerhalb ihrer Heimatmärkte. Durch globales Investieren können Anleger ihre Portfolios diversifizieren, neue Wachstumsmärkte erschließen und Chancen auf der ganzen Welt nutzen. In diesem Kapitel werden wir die wesentlichen Aspekte des globalen Investierens untersuchen, darunter die Vorteile, Risiken, Strategien und Überlegungen für Anleger, die auf internationalen Märkten langfristigen Wohlstand aufbauen möchten.

Vorteile globaler Investitionen

Diversifikation

Einer der Hauptvorteile globaler Investitionen ist die Diversifizierung. Durch Investitionen in

Unternehmen und Märkte in verschiedenen Regionen und Ländern können Anleger ihr Risiko streuen und die Auswirkungen lokaler wirtschaftlicher, politischer oder marktbezogener Ereignisse auf ihr Portfolio verringern. Die Diversifizierung über geografische Regionen hinweg trägt dazu bei, länderspezifische Risiken zu mindern und die Widerstandsfähigkeit des Portfolios zu verbessern.

Zugang zu Wachstumsmärkten

Durch globale Investitionen erhalten Anleger Zugang zu einem breiteren Universum an Anlagemöglichkeiten, darunter Schwellen- und Grenzmärkte mit hohem Wachstumspotenzial. Schwellenländer wie China, Indien, Brasilien und Südostasien bieten Anlegern die Möglichkeit, von schnellem Wirtschaftswachstum, Urbanisierung, steigendem Konsum der Mittelschicht und technologischem Fortschritt zu profitieren.

Währungsdiversifizierung

Durch Investitionen in internationale Märkte können Anleger ihr Währungsengagement diversifizieren und sich gegen Währungsrisiken absichern. Durch das Halten von Vermögenswerten in verschiedenen Währungen können Anleger ihre Abhängigkeit von einer einzelnen Währung verringern und ihre Portfolios vor ungünstigen Währungsschwankungen schützen. Währungsdiversifizierung kann die Portfoliostabilität verbessern und die Volatilität verringern.

Sektor- und Branchenexponierung

Durch globale Investitionen können Anleger Zugang zu Sektoren und Branchen erhalten, die auf ihren Heimatmärkten möglicherweise unterrepräsentiert oder nicht verfügbar sind. Durch internationale Investitionen erhalten Anleger Zugang zu spezialisierten Branchen, innovativen Unternehmen und Nischenmärkten, die einzigartige Wachstumschancen und Potenzial für eine Outperformance bieten können.

Risiken globaler Investitionen

Währungsrisiko

Eines der Hauptrisiken bei globalen Investitionen ist das Währungsrisiko, das durch Wechselkursschwankungen zwischen Währungen entsteht. Änderungen des Währungswerts können sich auf die Rendite internationaler Investitionen auswirken, da Gewinne oder Verluste aus ausländischen Wertpapieren durch Änderungen des Wertes der lokalen Währung im Verhältnis zur Heimatwährung des Anlegers ausgeglichen werden können. Währungsrisiken können zu Volatilität und Unsicherheit in Anlageportfolios führen.

Politische und regulatorische Risiken

Politische und regulatorische Risiken beziehen sich auf die möglichen Auswirkungen politischer Instabilität, Regierungspolitik und regulatorischer Änderungen auf die Anlagerendite. Politische Ereignisse wie Wahlen, geopolitische Spannungen, Handelsstreitigkeiten oder Regierungswechsel können zu Unsicherheit und Volatilität auf den internationalen Märkten führen. Regulatorische Änderungen wie Steuerreformen, Handelsabkommen oder Branchenvorschriften können das Geschäftsumfeld und die Anlagemöglichkeiten im Ausland beeinflussen.

Konjunktur- und Marktrisiken

Das Wirtschafts- und Marktrisiko umfasst das Risiko von Konjunkturabschwüngen, Rezessionen, Finanzkrisen oder Marktkorrekturen auf ausländischen Märkten. Wirtschaftliche Faktoren wie Inflation, Zinssätze, BIP-Wachstum und Arbeitslosenquoten können die Anlagerenditen und die Marktentwicklung beeinflussen.

Marktspezifische Faktoren wie Liquiditätsengpässe, Marktineffizienzen oder mangelnde Transparenz können sich ebenfalls auf Anlagemöglichkeiten und Portfoliorenditen auswirken.

Rechtliche und Governance-Risiken

Rechts- und Governance-Risiken beziehen sich auf die Qualität der Rechtssysteme, Corporate-Governance-Standards und Rechtsstaatlichkeit in anderen Ländern. Schwacher Rechtsschutz, laxe Regulierungsdurchsetzung, Korruption oder mangelnde Transparenz können Investoren Risiken wie Betrug, Enteignung, Vertragsstreitigkeiten oder Verstößen gegen Aktionärsrechte aussetzen. Investoren müssen das Rechts- und Governance-Umfeld ausländischer Märkte bewerten, um diese Risiken wirksam zu mindern.

Strategien für globale Investitionen

Passives vs. aktives Investieren

Anleger können globale Investitionen durch passive oder aktive Anlagestrategien verfolgen. Passives Investieren umfasst die Investition in Indexfonds, börsengehandelte Fonds (ETFs) oder Investmentfonds, die breite Marktindizes oder bestimmte Regionen oder Länder abbilden. Passive Strategien bieten kostengünstiges, diversifiziertes Engagement in globalen Märkten, haben jedoch möglicherweise nicht das Potenzial für eine Outperformance im Vergleich zu aktivem Management. Aktives Investieren umfasst die Auswahl einzelner Aktien oder aktiv verwalteter Fonds auf der Grundlage von Fundamentalanalysen, Marktforschung und Anlageexpertise. Aktive Manager versuchen, den Markt zu übertreffen, indem sie unterbewertete Gelegenheiten identifizieren, Markteffizienzen ausnutzen und Risiken aktiv managen.

Regionale und Länderallokation

Anleger können ihre globalen Anlageportfolios auf der Grundlage ihrer Anlageziele, ihrer Risikobereitschaft und ihrer Marktaussichten auf verschiedene Regionen und Länder verteilen. Regionale Allokationsstrategien können sich auf entwickelte Märkte (wie die USA, Europa und Japan), Schwellenmärkte (wie China, Indien und Brasilien) oder Grenzmärkte (wie Vietnam, Nigeria und Bangladesch) konzentrieren. Länderallokationsstrategien können Faktoren wie Wirtschaftswachstumsaussichten, politische Stabilität, regulatorisches Umfeld und Marktbewertungen berücksichtigen.

Sektor- und Themeninvestitionen

Anleger können auch über sektorspezifische oder thematische Anlagestrategien global investieren. Bei sektorspezifischen Investitionen liegt der Fokus auf bestimmten Branchen oder Sektoren, von denen erwartet wird, dass sie aufgrund langfristiger Trends, technologischer Fortschritte oder veränderter Verbraucherpräferenzen den Gesamtmarkt übertreffen. Thematische Investitionen konzentrieren sich auf langfristige Trends oder Megatrends wie saubere Energie, digitale Transformation, künstliche Intelligenz oder Innovationen im Gesundheitswesen, die das globale Wirtschaftswachstum und die Innovation vorantreiben.

Globale Makrostrategien

Bei Global-Macro-Strategien werden zielgerichtete Wetten auf globale Wirtschaftstrends, geopolitische Ereignisse oder geldpolitische Entscheidungen abgeschlossen. Global-Macro-Investoren analysieren makroökonomische Indikatoren wie Zinssätze, Inflation, Währungen und Steuerpolitik, um Anlagemöglichkeiten zu identifizieren und das Portfoliorisiko zu steuern. Global-Macro-Strategien können den Handel mit Währungen, Rohstoffen, festverzinslichen Wertpapieren oder Derivaten umfassen, um von makroökonomischen Trends und Marktverwerfungen zu profitieren.

Überlegungen zum globalen Investieren

Recherche und Due Diligence

Bevor Anleger weltweit investieren, sollten sie gründlich recherchieren und die wirtschaftlichen, politischen, regulatorischen und marktbezogenen Dynamiken fremder Länder und Regionen sorgfältig prüfen. Dies kann die Analyse von Wirtschaftsindikatoren, geopolitischen Risiken, regulatorischen Rahmenbedingungen, Marktstrukturen und Branchentrends beinhalten. Anleger sollten auch kulturelle Unterschiede, Sprachbarrieren und lokale Geschäftspraktiken berücksichtigen, die sich auf Anlageentscheidungen und -ergebnisse auswirken können.

Währungsabsicherung

Anleger können die Umsetzung von Währungsabsicherungsstrategien in Betracht ziehen, um das Währungsrisiko in ihren globalen

Anlageportfolios zu mindern. Bei der Währungsabsicherung werden Finanzinstrumente wie Terminkontrakte, Optionen oder Devisentermingeschäfte eingesetzt, um die Auswirkungen von Währungsschwankungen auf die Anlagerendite auszugleichen. Während die Währungsabsicherung die Volatilität verringern kann, kann sie auch zusätzliche Kosten und Komplexität verursachen und ihre Wirksamkeit kann je nach Marktbedingungen variieren.

Langfristige Perspektive

Globales Investieren erfordert eine langfristige Perspektive und Geduld, um durch Marktzyklen, Konjunkturschwankungen und geopolitische Ereignisse zu navigieren. Anleger sollten beim globalen Investieren einen disziplinierten Ansatz verfolgen und sich auf Fundamentalanalysen, Portfoliodiversifizierung und Risikomanagementprinzipien konzentrieren. Indem sie einen langfristigen Anlagehorizont beibehalten und ihren Anlagezielen treu bleiben, können Anleger kurzfristige Volatilität überstehen und von langfristigen Wachstumschancen auf den globalen Märkten profitieren.

Fachmännischer Rat

Angesichts der Komplexität und der Risiken, die mit globalen Investitionen verbunden sind, kann es für Anleger von Vorteil sein, professionellen Rat von Finanzberatern, Anlageverwaltern oder internationalen Experten einzuholen. Erfahrene Fachleute können Einblicke, Anleitung und Fachwissen bieten, um Anlegern bei der Entwicklung einer globalen Anlagestrategie zu helfen, die ihren Zielen, ihrer Risikobereitschaft und ihrem Zeithorizont entspricht. Professionelle Berater können auch bei der Portfoliokonstruktion, der Vermögensallokation und der laufenden Portfolioüberwachung und -neugewichtung helfen, um sicherzustellen, dass Anleger auf Kurs bleiben, um ihre langfristigen finanziellen Ziele zu erreichen.

Chancen in den Schwellenmärkten

Schwellenmärkte bieten einzigartige Möglichkeiten für Investoren, die Wachstum und Diversifizierung anstreben. Diese Märkte, die durch schnelle wirtschaftliche Entwicklung, demografische Trends, Urbanisierung und technologische Innovation gekennzeichnet sind, bieten attraktive Investitionsaussichten in verschiedenen Sektoren und Branchen. Investoren können Schwellenmärkte durch Aktieninvestitionen, festverzinsliche Wertpapiere oder alternative Anlagen wie Private Equity und Risikokapital erschließen.

China: Als zweitgrößte Volkswirtschaft der Welt und wichtiger Motor des globalen Wachstums bietet China Investoren Zugang zu einer Vielzahl von Investitionsmöglichkeiten. Von Technologie und E-Commerce bis hin zu Gesundheitswesen und erneuerbaren Energien bietet Chinas dynamische Wirtschaft zahlreiche Anlagemöglichkeiten. Anleger sollten bei Investitionen in chinesische Märkte jedoch regulatorische Risiken, geopolitische Spannungen und Governance-Probleme berücksichtigen.

Indien: Mit seiner jungen und wachsenden Bevölkerung ist Indien im Begriff, in den kommenden Jahrzehnten eine der größten Volkswirtschaften der Welt zu werden. Der florierende Technologiesektor des Landes, der aufstrebende Verbrauchermarkt und die Initiativen zur Infrastrukturentwicklung bieten attraktive Investitionsmöglichkeiten. Anleger sollten sich jedoch der regulatorischen Herausforderungen, bürokratischen Hürden und geopolitischen Spannungen bewusst sein, die sich auf die Anlageergebnisse in Indien auswirken können.

Brasilien: Als größte Volkswirtschaft Südamerikas bietet Brasilien Investoren Zugang zu vielfältigen Sektoren wie Landwirtschaft, Bergbau, Energie und Fertigung. Die reichhaltigen natürlichen Ressourcen des Landes, die wachsende Mittelschicht und

Infrastrukturprojekte machen es zu einem attraktiven Investitionsstandort. Investoren sollten jedoch die politischen Entwicklungen, Wirtschaftsreformen und Umweltbelange in Brasiliens Investitionslandschaft im Auge behalten.

Südostasien: Die Region Südostasien, zu der Länder wie Indonesien, Thailand, Malaysia, Vietnam und die Philippinen gehören, bietet Investoren Zugang zu schnell wachsenden Volkswirtschaften und dynamischen Verbrauchermärkten. Mit einer wachsenden Mittelschicht, Urbanisierungstrends und zunehmender Konnektivität bietet Südostasien Chancen in Sektoren wie Technologie, Konsumgüter, Finanzdienstleistungen und Infrastruktur. Investoren sollten jedoch regulatorische Komplexitäten, kulturelle Nuancen und geopolitische Risiken berücksichtigen, wenn sie in südostasiatische Märkte investieren.

Globale Megatrends

Anleger können auch von globalen Megatrends profitieren, die die Zukunft der Weltwirtschaft und der Gesellschaft prägen. Diese Megatrends, die durch technologische Fortschritte, demografische Verschiebungen und gesellschaftliche Veränderungen vorangetrieben werden, bieten langfristige Anlagemöglichkeiten in verschiedenen Sektoren und Branchen.

Saubere Energie und Nachhaltigkeit: Mit dem wachsenden Bewusstsein für Klimawandel und ökologische Nachhaltigkeit haben sich saubere Energie und Nachhaltigkeit zu zentralen Anlagethemen entwickelt. Anleger können in erneuerbare Energiequellen wie Solar-, Wind- und Wasserkraft sowie in nachhaltige Infrastruktur, Energieeffizienz und Unternehmen für grüne Technologie investieren. Regierungen, Unternehmen und Verbraucher legen zunehmend Wert auf Nachhaltigkeit und schaffen Anlagemöglichkeiten in Bereichen wie Elektrofahrzeuge, Speicherung erneuerbarer Energien und nachhaltige Landwirtschaft.

Digitale Transformation: Die digitale Transformation von Branchen und Volkswirtschaften revolutioniert die Art und Weise, wie Unternehmen arbeiten, kommunizieren und Innovationen hervorbringen. Investoren können von Digitalisierungstrends profitieren, indem sie in Technologieunternehmen, digitale Plattformen, Cloud Computing, künstliche Intelligenz, E-Commerce und Cybersicherheit investieren. Da die Welt zunehmend vernetzt und datengesteuert wird, dürften Investitionen in die digitale Transformation Wachstum und Innovation in Sektoren wie Gesundheitswesen, Finanzen, Fertigung und Unterhaltung vorantreiben.

Innovation im Gesundheitswesen: Fortschritte in der Medizintechnik, Biotechnologie und Gesundheitsversorgung verändern die Gesundheitsbranche und verbessern die Behandlungsergebnisse für Patienten. Investoren können an Innovationen im Gesundheitswesen teilhaben, indem sie in

Pharmaunternehmen, Biotech-Unternehmen, Hersteller medizinischer Geräte und Anbieter von Gesundheitsdienstleistungen investieren. Von Präzisionsmedizin und Gentherapie bis hin zu Telemedizin und Healthtech-Startups bieten Innovationen im Gesundheitswesen Investoren die Möglichkeit, sowohl finanzielle Erträge als auch gesellschaftliche Auswirkungen zu erzielen.

Urbanisierung und Infrastruktur: Die rasante Urbanisierung und Infrastrukturentwicklung verändern Städte und Volkswirtschaften auf der ganzen Welt. Investoren können von Investitionen in Infrastrukturprojekte wie Transport, Versorgung, Telekommunikation und Immobilien profitieren. Von intelligenten Städten und nachhaltigem Transport bis hin zu bezahlbarem Wohnraum und Wassermanagement können Urbanisierungs- und Infrastrukturinvestitionen das Wirtschaftswachstum fördern, den Lebensstandard verbessern und gesellschaftliche Herausforderungen angehen.

Globale Anlagevehikel

Anlegern steht eine Vielzahl von Anlagevehikeln und -instrumenten zur Verfügung, um an den globalen Märkten teilzunehmen und ihre Anlagestrategien umzusetzen.

Aktienmärkte: Aktieninvestitionen bieten Anlegern Eigentumsanteile an Unternehmen, die an Börsen weltweit notiert sind. Anleger können in einzelne Aktien, börsengehandelte Fonds (ETFs) oder Investmentfonds investieren, die Zugang zu den globalen Aktienmärkten bieten. Aktieninvestitionen bieten das Potenzial für Kapitalzuwachs und Dividenden, bergen jedoch auch Risiken im Zusammenhang mit der Volatilität der Aktienmärkte und unternehmensspezifischen Faktoren.

Festverzinsliche Wertpapiere: Festverzinsliche Anlagen wie Staatsanleihen, Unternehmensanleihen und Staatsschulden ermöglichen es Anlegern, Regierungen und Unternehmen Geld zu leihen und dafür regelmäßige Zinszahlungen und die Rückzahlung des Kapitals zu erhalten. Festverzinsliche Wertpapiere bieten Vorteile bei der Einkommensgenerierung, Portfoliodiversifizierung und Kapitalerhaltung. Anleger können über Anleihenfonds, Anleihen-ETFs oder den direkten Kauf von Anleihen ausländischer Regierungen oder Unternehmen auf die globalen festverzinslichen Märkte zugreifen.

Alternative Anlagen: Alternative Anlagen umfassen eine breite Palette nicht-traditioneller Anlageklassen, darunter Private Equity, Risikokapital, Hedgefonds, Immobilien, Rohstoffe und Infrastruktur. Alternative Anlagen bieten Diversifikationsvorteile, Potenzial für höhere Renditen und Minderung des Abwärtsrisikos. Anleger können über spezialisierte Fonds, Privatplatzierungsangebote oder Direktinvestitionen in privaten Märkten auf alternative Anlagen zugreifen.

Globale Fonds und ETFs: Globale Fonds und ETFs bieten Anlegern ein diversifiziertes Engagement in internationalen Märkten und Regionen durch professionell verwaltete Portfolios aus Aktien, Anleihen oder anderen Wertpapieren. Globale Fonds können sich auf bestimmte Regionen, Länder, Sektoren oder Anlagethemen konzentrieren, sodass Anleger ihr Engagement an ihre Anlageziele und -präferenzen anpassen können. ETFs bieten Liquidität, Transparenz und Kosteneffizienz und sind daher beliebte Instrumente für globale Investitionen.

Devisenmarkt (Forex): Der Devisenmarkt oder Forex-Markt ermöglicht es Anlegern, Währungen zu handeln und auf Wechselkursbewegungen zu spekulieren. Der Forex-Handel ermöglicht es Anlegern, Währungsrisiken abzusichern, auf Währungspaare zu spekulieren oder Währungs-Carry-Trades durchzuführen. Während der Forex-Handel Gewinnchancen bietet, birgt er auch erhebliche Risiken, darunter Hebelwirkung, Volatilität und geopolitische Ereignisse.

Due Diligence und Risikomanagement

Bevor Anleger weltweit investieren, sollten sie eine gründliche Due-Diligence-Prüfung und ein Risikomanagement durchführen, um die mit den internationalen Märkten verbundenen Chancen und Risiken zu bewerten. Dies kann die Bewertung von Wirtschaftsindikatoren, politischer Stabilität, regulatorischem Umfeld, Marktliquidität, Währungsrisiken und geopolitischen Spannungen beinhalten. Anleger sollten ihre globalen Portfolios über verschiedene Regionen, Sektoren und Anlageklassen diversifizieren, um Risiken zu mindern und die Widerstandsfähigkeit zu erhöhen. Darüber hinaus sollten sich Anleger über globale Entwicklungen informieren, die Portfolio-Performance überwachen und ihre Anlagestrategien bei Bedarf anpassen, um sich an veränderte Marktbedingungen anzupassen.

Globales Investieren bietet Anlegern zahlreiche Möglichkeiten, ihre Portfolios zu diversifizieren, neue Wachstumsmärkte zu erschließen und von globalen Megatrends zu profitieren. Durch globales Investieren können Anleger von Diversifizierung, Wachstumspotenzial und Engagement in innovativen Unternehmen und Branchen auf der ganzen Welt profitieren. Globales Investieren bringt jedoch auch Risiken mit sich, darunter Währungsrisiken, politische Risiken, wirtschaftliche Risiken und regulatorische Risiken, die Anleger sorgfältig handhaben müssen. Mit der richtigen Recherche, Due Diligence und Risikomanagement können Anleger die Macht der globalen Märkte nutzen, um ihre langfristigen finanziellen Ziele zu erreichen und Vermögen für die Zukunft aufzubauen.

Kapitel 16: Aus der Marktgeschichte lernen

Für Anleger, die langfristigen Erfolg anstreben, ist es wichtig, die Geschichte des Aktienmarkts zu verstehen. Durch die Untersuchung vergangener Marktzyklen, Ereignisse und Trends können Anleger wertvolle Einblicke in das Marktverhalten, die Anlegerpsychologie und die Faktoren gewinnen, die die Aktienmarktrenditen beeinflussen. In diesem Kapitel werden wir wichtige Erkenntnisse aus der Marktgeschichte untersuchen, die Anlegern bei ihren Entscheidungen helfen und ihnen helfen können, die Komplexität des Aktienmarkts zu meistern, um langfristigen Wohlstand aufzubauen.

Die Entwicklung der Börse

Ursprünge der Börse

Die Ursprünge der Börse lassen sich auf antike Zivilisationen wie Mesopotamien, Griechenland und Rom zurückführen, wo Kaufleute und Händler Wertpapiere und Waren tauschten. Moderne Aktienmärkte entstanden jedoch erst im 17. Jahrhundert mit der Gründung formeller Börsen in Städten wie Amsterdam und London. Diese frühen Aktienmärkte erleichterten den Handel mit Aktien von Aktiengesellschaften und boten Anlegern die Möglichkeit, in Geschäftsvorhaben zu investieren und an Gewinnen und Risiken teilzuhaben.

Wachstum und Entwicklung

Der Aktienmarkt entwickelte sich im Laufe der Jahrhunderte weiter und expandierte, angetrieben durch technologische Fortschritte, wirtschaftliche Entwicklung und Globalisierung. Der Aufstieg der Industrialisierung im 19. Jahrhundert führte zur Verbreitung börsennotierter Unternehmen in Sektoren wie Eisenbahn, Stahl, Öl und Telekommunikation. Die Entwicklung von Börsen in großen Finanzzentren wie New York, Tokio und Hongkong erleichterte den Handel mit Aktien und Anleihen auf globaler Ebene.

Marktcrashs und Panik

Im Laufe der Geschichte hat die Börse immer wieder Crashs, Panikattacken und Kurskorrekturen erlebt, die das Vertrauen der Anleger erschüttert und weitreichende wirtschaftliche Störungen verursacht haben. Bemerkenswerte Beispiele sind der Wall Street Crash von 1929, der die Große Depression auslöste, und der Börsencrash von 1987, bekannt als Schwarzer Montag, der einen plötzlichen und starken Rückgang der Aktienkurse mit sich brachte. Diese Marktabschwünge erinnern an die inhärente Volatilität und Unberechenbarkeit der Börse.

Bullen- und Bärenmärkte

Der Aktienmarkt durchläuft Zyklen der Expansion und Kontraktion, die als Bullen- und Bärenmärkte bezeichnet werden. Bullenmärkte sind durch steigende Aktienkurse, Optimismus der Anleger und Wirtschaftswachstum gekennzeichnet, während Bärenmärkte durch fallende Aktienkurse, Pessimismus der Anleger und Konjunkturabschwünge gekennzeichnet sind. Das Verständnis der Dynamik von Bullen- und Bärenmärkten kann Anlegern helfen, Marktzyklen zu steuern und ihre Anlagestrategien entsprechend anzupassen.

Lehren aus der Marktgeschichte

1. Märkte sind zyklisch

Eine der wichtigsten Lehren aus der Marktgeschichte ist, dass Märkte ihrem Wesen nach zyklisch sind. Auf Bullenmärkte folgen Bärenmärkte und umgekehrt, da die Stimmung der Anleger, die wirtschaftlichen Bedingungen und die Fundamentaldaten des Marktes im Laufe der Zeit schwanken. Das Erkennen der Unvermeidlichkeit von Marktzyklen kann Anlegern helfen, in euphorischen Marktphasen nicht der Performance hinterherzujagen und in Abschwungphasen Disziplin zu bewahren.

2. Langfristige Perspektive zahlt sich aus

Anleger, die eine langfristige Perspektive verfolgen und trotz Marktschwankungen investiert bleiben, werden im Laufe der Zeit tendenziell belohnt. In der Vergangenheit hat der Aktienmarkt trotz kurzfristiger Volatilität und periodischer Rückschläge langfristig positive Renditen erzielt. Indem sie sich auf ihre Anlageziele konzentrieren, ein diversifiziertes Portfolio pflegen und emotionale Reaktionen auf Marktschwankungen vermeiden, können Anleger vom Zinseszinseffekt und der Vermögensbildung profitieren.

3. Diversifikation ist der Schlüssel

Diversifikation ist ein Grundprinzip des Investierens, das sich seit jeher bewährt hat. Indem sie ihre Investitionen auf verschiedene Anlageklassen, Sektoren und Regionen verteilen, können Anleger das Risiko verringern und die risikobereinigten Renditen verbessern. Diversifikation schützt Portfolios vor den Auswirkungen von Kursrückgängen einzelner Aktien oder Sektoren und minimiert das

Potenzial für katastrophale Verluste. Ein gut diversifiziertes Portfolio kann die Volatilität ausgleichen und die Portfoliostabilität langfristig verbessern.

4. Das richtige Market Timing ist schwierig

Den richtigen Marktzeitpunkt zu finden, ist bekanntermaßen schwierig, wenn nicht gar unmöglich, selbst für erfahrene Anleger und Finanzexperten. Der Versuch, kurzfristige Marktbewegungen vorherzusagen oder den perfekten Ein- und Ausstiegszeitpunkt zu bestimmen, ist eine riskante und unzuverlässige Strategie. Das richtige Timing des Marktes erfordert eine Kombination aus Glück, Geschick und Intuition, und selbst erfolgreiche Markttimer können sich häufig irren. Anstatt zu versuchen, den richtigen Marktzeitpunkt zu finden, sollten sich Anleger besser auf die Vermögensallokation, Diversifizierung und langfristige Anlageprinzipien konzentrieren.

5. Das Verhalten der Anleger ist wichtig

Das Verhalten der Anleger spielt eine bedeutende Rolle bei der Entwicklung der Marktvolatilität und der Aktienrenditen. Emotionen wie Angst, Gier und Selbstüberschätzung können zu irrationalen Entscheidungen, Herdenverhalten und Marktblasen führen. Das Verständnis von Verhaltensverzerrungen und psychologischen Tendenzen kann Anlegern helfen, häufige Fehler zu vermeiden und rationalere, disziplinierte Anlageentscheidungen zu treffen. Indem sie diszipliniert, geduldig und auf ihre langfristigen Ziele fokussiert bleiben, können Anleger die psychologischen Herausforderungen des Investierens überwinden und bessere Ergebnisse erzielen.

6. Krisen können Chancen schaffen

Marktkrisen, Abschwünge und Korrekturen bieten versierten Anlegern oft die Möglichkeit, aus unterbewerteten Vermögenswerten und attraktiven Anlageaussichten Kapital zu schlagen. In Zeiten von Marktturbulenzen können die Aktienkurse auf ein Niveau fallen, das nicht den inneren Wert der zugrunde liegenden Unternehmen widerspiegelt, was wertorientierten Anlegern Kaufgelegenheiten bietet. Indem sie Liquidität aufrechterhalten, gründliche Recherchen durchführen und die Marktentwicklungen aufmerksam im Auge behalten, können Anleger Chancen erkennen und nutzen, die sich während Krisen ergeben.

7. Anpassungsfähigkeit ist unerlässlich

Der Aktienmarkt entwickelt sich ständig weiter, angetrieben von technologischen Innovationen, regulatorischen Änderungen, geopolitischen Ereignissen und Stimmungsschwankungen bei den Anlegern. Erfolgreiche Anleger müssen anpassungsfähig bleiben und auf sich ändernde Marktbedingungen, wirtschaftliche Trends und Anlagelandschaften reagieren. Flexibilität, kontinuierliches Lernen und die Bereitschaft, Anlagestrategien anzupassen, sind wesentliche Eigenschaften, um die sich ständig ändernde

Dynamik des Aktienmarktes zu meistern und langfristigen Erfolg zu erzielen.

8. Die Geschichte reimt sich, wiederholt sich aber nicht

Das Studium der Marktgeschichte kann Anlegern zwar wertvolle Erkenntnisse und Lehren liefern, es ist jedoch wichtig zu erkennen, dass sich die Geschichte nicht exakt wiederholt. Marktmuster, -zyklen und -trends können sich zwar mit vergangenen Ereignissen reimen, doch jedes Marktumfeld ist einzigartig und wird von einer Kombination aus wirtschaftlichen, politischen und sozialen Faktoren geprägt. Anleger sollten sich bei ihrer Entscheidungsfindung auf historische Präzedenzfälle stützen, dabei jedoch den Kontext und die Nuancen des aktuellen Marktumfelds im Auge behalten.

9. Geduld und Disziplin sind Tugenden

Geduld und Disziplin sind Tugenden, die Anlegern dabei helfen können, die Höhen und Tiefen des Aktienmarktes zu meistern. Erfolgreiches Investieren erfordert eine langfristige Denkweise, die Fähigkeit, kurzfristige Schwankungen auszuhalten, und die Disziplin, auch bei Marktvolatilität an einem Anlageplan festzuhalten. Indem sie Geduld und Disziplin bewahren, können Anleger vermeiden, emotionalen Impulsen zu erliegen, sich auf ihre Anlageziele konzentrieren und impulsive Entscheidungen vermeiden, die ihre langfristigen finanziellen Ziele gefährden könnten.

10. Bildung stärkt

Investitionen in Bildung und Wissen sind eines der wirksamsten Instrumente für Anleger, die an der Börse Erfolg haben wollen. Indem sie sich kontinuierlich über Finanzmärkte, Anlagestrategien und Wirtschaftsprinzipien informieren, können Anleger ihr Verständnis der Faktoren verbessern, die die Renditen an der

Börse bestimmen, und fundiertere, strategische Entscheidungen treffen. Ob durch Selbststudium, professionelle Bildungsprogramme oder die Beratung durch Finanzberater – Investitionen in Bildung können Anlegern dabei helfen, Vertrauen, Kompetenz und Belastbarkeit aufzubauen, um sich in den Komplexitäten der Börse zurechtzufinden.

11. Bleiben Sie bescheiden und aufgeschlossen

Selbst die erfahrensten Anleger können aus ihren Fehlern lernen, sich an veränderte Marktbedingungen anpassen und bei ihrer Anlagestrategie bescheiden und aufgeschlossen bleiben. Die Grenzen des eigenen Wissens und der eigenen Expertise anzuerkennen, verschiedene Perspektiven zu suchen und offen für neue Ideen und Erkenntnisse zu bleiben, kann Anlegern helfen, Selbstüberschätzung, Bestätigungsfehler und andere kognitive Fallstricke zu vermeiden, die die Entscheidungsfindung behindern können. Indem sie Bescheidenheit und intellektuelle Neugier kultivieren, können Anleger ihren Anlageprozess kontinuierlich verbessern und ihre Chancen auf langfristigen Erfolg an der Börse erhöhen.

12. Konzentrieren Sie sich auf die Grundlagen

Angesichts des Lärms und der Volatilität an der Börse ist es für Anleger unerlässlich, sich auf die Grundlagen des Investierens zu konzentrieren. Die Fundamentalanalyse, bei der die finanzielle Gesundheit, die Geschäftsaussichten und die Bewertung einzelner Unternehmen bewertet werden, bleibt ein Eckpfeiler erfolgreicher Investitionen an der Börse. Durch gründliche Recherche, Analyse der Finanzberichte, Bewertung der Wettbewerbsvorteile und Schätzung des inneren Werts können Anleger qualitativ hochwertige Unternehmen mit nachhaltigem Wachstumspotenzial und Wettbewerbsvorteilen identifizieren. Indem sie sich auf die Grundlagen konzentrieren und eine langfristige Perspektive einnehmen, können Anleger robuste Portfolios aufbauen, die Marktturbulenzen standhalten und im Laufe der Zeit überdurchschnittliche Renditen erzielen.

Die Marktgeschichte ist ein reiches Geflecht aus Ereignissen, Zyklen und Lehren, die Anlegern bei ihrer Suche nach langfristigem Wohlstand Informationen und Orientierung bieten können. Indem sie die Entwicklung des Aktienmarkts studieren, wichtige Trends und Muster verstehen und aus vergangenen Erfolgen und Misserfolgen lernen, können Anleger das Wissen, die Fähigkeiten und die Denkweise entwickeln, die erforderlich sind, um die Komplexität des Aktienmarkts erfolgreich zu meistern. Indem sie die Lehren aus der Marktgeschichte berücksichtigen, diszipliniert bleiben und sich an bewährte Anlageprinzipien halten, können Anleger ihre Chancen erhöhen, ihre langfristigen finanziellen Ziele zu erreichen und Vermögen für die Zukunft aufzubauen.

Kapitel 17: Vermeidung gängiger Anlagefallen

Investitionen in den Aktienmarkt können ein lohnendes Unterfangen sein, um langfristig Vermögen aufzubauen. Allerdings ist es wichtig, dass Anleger sich der üblichen Fallstricke bewusst sind, die ihren Anlageerfolg gefährden können. In diesem Kapitel werden wir einige der häufigsten Anlagefallen untersuchen und Einblicke geben, wie man sie vermeidet, damit Anleger den Markt mit Zuversicht navigieren und ihre finanziellen Ziele erreichen können.

1. Mangelnde Recherche und Sorgfalt

Eine der häufigsten Investitionsfallen ist mangelnde Recherche und Sorgfaltspflicht. Investitionen in Aktien ohne gründliches Verständnis der Unternehmen, Branchen und Märkte können zu schlechten Investitionsentscheidungen und Verlusten führen. Um diese Falle zu vermeiden, sollten Anleger umfassende Recherchen durchführen, Jahresabschlüsse analysieren, Wettbewerbsvorteile bewerten und die Branchendynamik bewerten, bevor sie Investitionsentscheidungen treffen. Indem sie sich die Zeit nehmen, die zugrunde liegenden Grundlagen ihrer Investitionen zu verstehen, können Anleger fundiertere und strategischere Entscheidungen treffen, die mit ihren langfristigen Zielen übereinstimmen.

2. Emotionales Investieren

Emotionales Investieren ist eine weitere häufige Falle, die den Anlageerfolg untergraben kann. Anlageentscheidungen auf der Grundlage von Angst, Gier oder Panik können zu impulsiven Handlungen und suboptimalen Ergebnissen führen. Um emotionales Investieren zu vermeiden, sollten Anleger bei ihrem Entscheidungsprozess Disziplin, Geduld und Rationalität entwickeln. Sie sollten an ihrem Anlageplan festhalten, es vermeiden, heißen Trends hinterherzulaufen oder bei Marktabschwüngen zu fliehen, und eine langfristige Perspektive beibehalten. Indem sie ihre Emotionen im Zaum halten und sich auf die Grundlagen konzentrieren, können Anleger kostspielige Fehler vermeiden und auf Kurs bleiben, um ihre finanziellen Ziele zu erreichen.

3. Überhandeln

Übermäßiges Handeln oder exzessives Kaufen und Verkaufen von Wertpapieren ist eine häufige Falle, die die Anlagerendite schmälern und die Transaktionskosten erhöhen kann. Anleger können der Versuchung erliegen, häufig zu handeln, um kurzfristige Gewinne zu erzielen oder auf Marktnachrichten und -schwankungen zu reagieren. Übermäßiges Handeln kann jedoch zu hohen Umsätzen, Kapitalertragssteuern und Handelsgebühren führen, die die Anlagegewinne schmälern können. Um übermäßiges Handeln zu vermeiden, sollten Anleger einen disziplinierten Anlageansatz verfolgen, sich auf langfristige Ziele konzentrieren und der Versuchung widerstehen, sich auf spekulatives Handeln einzulassen. Sie sollten bei der Ausführung von Geschäften auch die Transaktionskosten und steuerlichen Auswirkungen im Auge behalten.

4. Leistungsstreben

Die Jagd nach der Performance ist eine häufige Falle: Anleger jagen in der Hoffnung, frühere Renditen zu wiederholen, Aktien oder Anlagestrategien hinterher, die in letzter Zeit eine hohe Performance erzielt haben. Die vergangene Performance ist jedoch nicht immer ein Indikator für zukünftige Ergebnisse, und die Jagd nach heißen Aktien oder Trends kann zu Enttäuschungen und Verlusten führen. Um diese Falle zu vermeiden, sollten sich Anleger auf die zugrunde liegenden Fundamentaldaten von Investitionen konzentrieren und nicht auf kurzfristige Preisbewegungen. Sie sollten gründliche Recherchen durchführen, Bewertungskennzahlen bewerten und langfristige Wachstumsaussichten in Betracht ziehen, bevor sie Anlageentscheidungen treffen. Indem sie der Versuchung widerstehen, der Performance hinterherzujagen, und einen disziplinierten Anlageansatz beibehalten, können Anleger ein widerstandsfähiges Portfolio aufbauen, das der Marktvolatilität standhält und im Laufe der Zeit nachhaltige Renditen liefert.

5. Mangelnde Diversifizierung

Eine weitere häufige Falle ist mangelnde Diversifizierung, d. h. Anleger konzentrieren ihre Investitionen auf wenige Aktien oder Sektoren und setzen sich damit unnötigen Risiken aus. Konzentrierte Portfolios sind anfällig für die idiosynkratischen Risiken einzelner Unternehmen oder Branchen, was im Falle eines Scheiterns zu erheblichen Verlusten führen kann. Um diese Falle zu vermeiden, sollten Anleger ihre Portfolios auf verschiedene Anlageklassen, Sektoren und Regionen verteilen, um das Risiko zu streuen und die Volatilität zu reduzieren. Sie sollten ihre Investitionen auf der Grundlage ihrer Risikobereitschaft, ihres Anlagehorizonts und ihrer finanziellen Ziele verteilen und sicherstellen, dass keine einzelne Investition übermäßige Auswirkungen auf ihr Portfolio hat. Durch eine effektive Diversifizierung können Anleger Risiken mindern und das Risiko-Rendite-Profil ihrer Anlageportfolios verbessern.

6. Ignorieren des Risikomanagements

Das Ignorieren des Risikomanagements ist eine häufige Falle, die Anleger unerwarteten Verlusten und Portfoliovolatilität aussetzen kann. Viele Anleger konzentrieren sich ausschließlich auf das Renditepotenzial, ohne die mit ihren Anlagen verbundenen Risiken ausreichend zu berücksichtigen. Um diese Falle zu vermeiden, sollten Anleger Risikomanagementprinzipien in ihren Anlageprozess integrieren, einschließlich der Vermögensallokation, Diversifizierung und Positionsgröße. Sie sollten das Risiko-Ertrags-Verhältnis jeder Investition bewerten, entsprechende Stop-Loss- oder Exit-Strategien festlegen und ihre Portfolios regelmäßig überwachen und neu ausbalancieren, um das Risiko innerhalb eines akzeptablen Niveaus zu halten. Indem sie dem Risikomanagement Priorität einräumen, können Anleger ihr Kapital schützen und den langfristigen Vermögensaufbau aufrechterhalten.

7. Herdenmentalität

Herdenmentalität oder die Tendenz, der Masse zu folgen, anstatt unabhängig zu denken, ist eine häufige Falle, die zu Herdenverhalten, Marktblasen und irrationalen Anlageentscheidungen führen kann. Anleger können von den Handlungen und Meinungen anderer beeinflusst werden, was zu Gruppendenken und momentumgetriebenem Handel führt. Um diese Falle zu vermeiden, sollten Anleger unabhängig denken, ihre eigenen Recherchen durchführen und Anlageentscheidungen auf der Grundlage ihrer eigenen Analysen und Überzeugungen treffen. Sie sollten dem Drang widerstehen, der Herde zu folgen oder dem Gruppenzwang nachzugeben, und sich stattdessen auf ihre eigenen Anlageziele und ihre Risikobereitschaft konzentrieren. Indem sie unabhängig denken und Herdenmentalität vermeiden, können Anleger vermeiden, der Markteuphorie oder Panik zu erliegen und rationalere, fundiertere Anlageentscheidungen treffen.

8. Den richtigen Marktzeitpunkt bestimmen

Der Versuch, den Markt zu timen oder kurzfristige Preisbewegungen vorherzusagen, ist eine häufige Falle, die zu suboptimalen Anlageergebnissen führen kann. Market Timing erfordert eine genaue Vorhersage von Markttrends, was selbst für erfahrene Profis bekanntermaßen schwierig, wenn nicht gar unmöglich ist. Um diese Falle zu vermeiden, sollten Anleger einen langfristigen Anlagehorizont verfolgen und sich auf die Zeit am Markt konzentrieren, anstatt den Markt zu timen. Sie sollten der Versuchung widerstehen, Market-Timing-Strategien wie Market-Timing-Trades, Market-Timing-Newsletter oder Market-Timing-Fonds anzuwenden, die häufig zu einer Underperformance und einem erhöhten Risiko führen. Indem sie über Marktzyklen hinweg investiert bleiben und einen disziplinierten Anlageansatz verfolgen, können Anleger das langfristige Wachstumspotenzial des Aktienmarkts nutzen und gleichzeitig die

Auswirkungen kurzfristiger Volatilität minimieren.

9. Selbstüberschätzung

Selbstüberschätzung ist eine häufige Falle, bei der Anleger ihre Fähigkeiten, Kenntnisse oder Erkenntnisse überschätzen, was zu übermäßiger Risikobereitschaft und schlechten Entscheidungen führt. Selbstüberschätzungs-Anleger glauben möglicherweise, dass sie den Markt beständig schlagen, professionelle Vermögensverwalter übertreffen oder Marktbewegungen genau vorhersagen können. Selbstüberschätzung kann jedoch zu übermäßigem Handel, übermäßiger Fremdfinanzierung und einer falschen Risikoeinschätzung führen. Um diese Falle zu vermeiden, sollten Anleger bei ihrem Anlageansatz bescheiden, realistisch und selbstbewusst bleiben. Sie sollten ihre Grenzen anerkennen, unterschiedliche Perspektiven einholen und kontinuierlich danach streben, ihre Anlagefähigkeiten und -kenntnisse zu verbessern. Indem sie Selbstüberschätzung vermeiden und bescheiden bleiben, können Anleger umsichtigere Anlageentscheidungen treffen und langfristig bessere Ergebnisse an der Börse erzielen.

Für Anleger, die langfristigen Erfolg an der Börse anstreben, ist es wichtig, die üblichen Anlagefallen zu vermeiden. Durch gründliche Recherche, Kontrolle der Emotionen, Disziplin und Einhaltung solider Anlageprinzipien können Anleger Risiken minimieren und die Rendite im Laufe der Zeit maximieren. Indem sie die üblichen Fallstricke erkennen und vermeiden, können Anleger die Komplexität der Börse mit Zuversicht meistern und ihre finanziellen Ziele erreichen.

Fazit: So steuern Sie den Weg zum Erfolg an der Börse

Das Investieren in den Aktienmarkt ist eine Reise voller Chancen, Herausforderungen und Unsicherheiten. In diesem umfassenden Leitfaden haben wir die wesentlichen Aspekte des Investierens in den Aktienmarkt untersucht und den Lesern Erkenntnisse, Strategien und Werkzeuge zur Verfügung gestellt, um den Markt erfolgreich zu navigieren und langfristigen Wohlstand aufzubauen. Vom

Verständnis der Grundlagen des Aktienmarkts bis hin zur Vermeidung gängiger Anlagefallen wurden Anleger mit dem Wissen und den Fähigkeiten ausgestattet, die sie benötigen, um fundierte und strategische Entscheidungen zu treffen, die mit ihren finanziellen Zielen übereinstimmen. Lassen Sie uns zum Abschluss unserer Reise einige wichtige Erkenntnisse zusammenfassen und über den Weg zum Erfolg an der Börse nachdenken.

Wissen ist Macht

Eines der Grundprinzipien erfolgreichen Investierens ist die Bedeutung von Wissen und Bildung. Indem sie sich kontinuierlich über Finanzmärkte, Anlagestrategien und Wirtschaftsprinzipien informieren, können Anleger ihr Verständnis der Faktoren verbessern, die die Renditen an der Börse beeinflussen, und fundiertere Entscheidungen treffen. Vom Studium der Marktgeschichte und der Analyse von Anlagetrends bis hin zur Beherrschung fundamentaler und technischer

Analysetechniken haben Anleger die Möglichkeit, ihr Wissen zu vertiefen und ihr Selbstvertrauen im Umgang mit den Komplexitäten der Börse zu stärken. Indem sie in Bildung investieren und auf dem Laufenden bleiben, können Anleger bessere Anlageentscheidungen treffen und langfristigen Erfolg erzielen.

Disziplin und Geduld zahlen sich aus

Disziplin und Geduld sind Tugenden, die für den Erfolg an der Börse unerlässlich sind. Erfolgreiches Investieren erfordert die Disziplin, sich an einen Anlageplan zu halten, die Geduld, Marktvolatilität zu ertragen, und die Belastbarkeit, sich auf langfristige Ziele zu konzentrieren. Indem sie emotionale Reaktionen auf Marktschwankungen vermeiden, der Versuchung widerstehen, kurzfristigen Gewinnen nachzujagen, und eine langfristige Perspektive beibehalten, können Anleger Marktstürme überstehen und auf Kurs bleiben, um ihre finanziellen Ziele zu erreichen.

Während die Börse kurzfristig Höhen und Tiefen erleben kann, können Anleger, die diszipliniert und geduldig bleiben, im Laufe der Zeit vom Zinseszinseffekt und der Vermögensbildung profitieren.

Diversifikation und Risikomanagement sind der Schlüssel

Diversifikation und Risikomanagement sind Grundprinzipien umsichtigen Investierens, die Anlegern helfen können, Risiken zu mindern und die Widerstandsfähigkeit ihres Portfolios zu verbessern. Indem sie ihre Investitionen auf verschiedene Anlageklassen, Sektoren und Regionen verteilen, können Anleger die Auswirkungen von Kursrückgängen einzelner Aktien oder Sektoren verringern und das Risiko-Rendite-Profil ihrer Portfolios verbessern. Darüber hinaus können Anleger durch die Einbeziehung von Risikomanagementtechniken wie Vermögensallokation, Diversifikation und Positionsgrößenbestimmung ihr Kapital schützen und den langfristigen

Vermögensaufbau sichern. Indem sie Diversifikation und Risikomanagement priorisieren, können Anleger die Marktvolatilität mit Zuversicht meistern und langfristig bessere Anlageergebnisse erzielen.

Bleiben Sie informiert und anpassungsfähig

Der Aktienmarkt entwickelt sich ständig weiter und wird durch technologische Fortschritte, regulatorische Änderungen und die sich wandelnde Anlegerstimmung geprägt. Erfolgreiche Anleger müssen informiert bleiben, sich anpassen und auf sich ändernde Marktbedingungen, Wirtschaftstrends und Anlagelandschaften reagieren. Indem sie sich über Marktentwicklungen auf dem Laufenden halten, fortlaufende Recherchen durchführen und ihre Anlagestrategien nach Bedarf anpassen, können sich Anleger so positionieren, dass sie neue Chancen nutzen und Marktherausforderungen effektiv meistern können. Ob durch das Auf dem Laufenden bleiben über globale Megatrends, die Nutzung von Technologie für den Markterfolg oder die Einhaltung ethischer und nachhaltiger Anlageprinzipien – Anleger haben die Möglichkeit, immer einen Schritt voraus zu sein und langfristigen Erfolg an der Börse zu erzielen.

Fazit: Die Reise geht weiter

Zum Abschluss unserer Erkundung des Erfolgs an der Börse ist es wichtig zu erkennen, dass die Reise noch nicht zu Ende ist und sich ständig weiterentwickelt. Dieser Leitfaden hat den Lesern zwar einen umfassenden Rahmen für die Navigation an der Börse und den Aufbau langfristigen Vermögens geboten, es gibt jedoch immer noch mehr zu lernen, zu entdecken und zu erforschen. Die Börse ist ein dynamisches und facettenreiches Ökosystem, das endlose Möglichkeiten für Wachstum, Innovation und Wohlstand bietet. Indem sie die Prinzipien von Wissen, Disziplin, Diversifizierung und Anpassungsfähigkeit annehmen, können sich Anleger auf eine Reise des kontinuierlichen

Lernens und der Verbesserung begeben und neue Wege für den Erfolg an der Börse und darüber hinaus erschließen. Mögen die Anleger auf ihrer weiteren Reise neugierig, belastbar und standhaft in ihrem Streben nach finanzieller Unabhängigkeit und Wohlstand bleiben. Und mögen die aus diesem Leitfaden gewonnenen Lehren und Erkenntnisse als Kompass dienen, der die Anleger in eine bessere und erfolgreichere Zukunft in der Welt des Investierens führt.

Danksagung

Das Verfassen eines umfassenden Leitfadens zum Thema Erfolg an der Börse ist eine Gemeinschaftsarbeit, die die Unterstützung, Anleitung und Beiträge vieler Einzelpersonen und Organisationen erfordert. Zum Abschluss dieser Reise möchte ich denjenigen, die dazu beigetragen haben, diesen Leitfaden zu erstellen, meinen herzlichsten Dank aussprechen.

Zuallererst möchte ich meiner Familie für ihre unermüdliche Unterstützung und Ermutigung während des gesamten Schreibprozesses danken. Ihre Liebe, ihr Verständnis und ihre Geduld waren die Grundlage meines Weges und gaben mir die Kraft und Motivation, meiner Leidenschaft für Investitionen und Finanzbildung nachzugehen.

Ich bin allen Mentoren, Lehrern und Experten zutiefst dankbar, deren Weisheit und Erkenntnisse diesen Leitfaden bereichert haben. Ihre Anleitung, ihr Fachwissen und ihre Bereitschaft, ihr Wissen zu teilen, waren von unschätzbarem Wert für die Gestaltung des Inhalts und die Gewährleistung seiner Relevanz und Genauigkeit.

Ich möchte mich auch bei den Lesern und Investoren bedanken, die mich zur Erstellung dieses Leitfadens inspiriert haben. Ihre Neugier, Ihre Fragen und Ihr Feedback haben mich motiviert, tiefer in die Feinheiten der Aktienmarktinvestition einzutauchen und Ihnen umfassende Anleitungen zu geben, die Ihnen helfen, langfristig Wohlstand zu erreichen.

Ich bin den Verlegern, Redakteuren und Designern dankbar, die an diesem Projekt mitgearbeitet und zur Entstehung dieses Leitfadens beigetragen haben. Ihre Professionalität, ihre Liebe zum Detail und ihr Streben nach Exzellenz haben maßgeblich zur Schaffung einer hochwertigen Ressource für Investoren weltweit beigetragen.

Zu guter Letzt möchte ich den unzähligen Autoren, Forschern und Vordenkern danken, deren Arbeit diesen Leitfaden geprägt und inspiriert hat. Ihre bahnbrechenden Forschungsarbeiten, aufschlussreichen Analysen und innovativen Ideen haben den Weg für Fortschritte bei der Investition in den Aktienmarkt und der Finanzkompetenz geebnet.

Abschließend möchte ich allen, die an der Erstellung dieses Leitfadens mitgewirkt haben, zutiefst dankbar sein. Ich hoffe aufrichtig, dass diese Ressource Anlegern das Wissen, die Fähigkeiten und das Selbstvertrauen vermittelt, um erfolgreich an der Börse zu agieren und ihre

langfristigen finanziellen Ziele zu erreichen.
Vielen Dank an alle, die Teil dieser Reise waren.

www.ingramcontent.com/pod-product-compliance
Lightning Source LLC
Chambersburg PA
CBHW032210220526
45472CB00018B/658